INFANTERÍA DE MARINA

ESPAÑOLA   SIGLOS XVI-XXI

INFANTERÍA DE MARINA

ESPAÑOLA SIGLOS XVI-XXI

CUADERNOS DE HISTORIA MILITAR

9

Magdalena de Pazzis Pi Corrales

Rafael Torres Sánchez

José María Blanco Núñez

Julio Albi de la Cuesta

Jesús Campelo Gaínza

Adolfo Morales Trueba

Roberto Muñoz Bolaños

Fernando Herraiz Gracia

Samuel Morales Morales

Cuadernos de Historia Militar 9
Infantería de Marina española, siglos XVI-XXI
Magdalena de Pazzis Pi Corrales, Rafael Torres Sánchez, José María Blanco Núñez, Julio Albi de la Cuesta, Jesús Campelo Gaínza, Adolfo Morales Trueba, Roberto Muñoz Bolaños, Fernando Herraiz Gracia, Samuel Morales Morales

© de esta edición:
Infantería de Marina española, siglos XVI-XXI
Desperta Ferro Ediciones, SLNE
Paseo del Prado, 12, 1.º derecha
28014 Madrid
www.despertaferro-ediciones.com

ISBN: 978-84-128158-2-5
ISSN: 2695-8163
D.L.: M-6577-2024

Diseño y maquetación: Raúl Clavijo Hernández
Dirección: David Soria Molina
Cartografía: © Desperta Ferro Ediciones / Carlos de la Rocha
Ilustraciones: © José Luis García Morán
Fotografías: Archivo General de Indias de Sevilla, Archivo Tercio de Armada, Biblioteca Nacional de España, Biblioteca Virtual de Defensa, Danego, Dorieo, Harrygouvas, Jesús Campelo Gaínza, Museo Nacional del Prado, Museo Naval de Madrid, New York Public Library Digital Collections, Oficina de Conservación Histórica de la Infantería de Marina, Outisnn, Rijksmuseum, RobKohl85, Rowanwindwhistler, USAF, U.S. Marine Corps, Xcabalt.

Desperta Ferro Ediciones ha hecho lo posible por localizar los derechos de autor de todas las imágenes.
Cualquier posible omisión no es intencionada y se agradecerá cualquier información sobre los mismos.
Desperta Ferro Ediciones no se hace responsable de los juicios, críticas y opiniones expresadas en los textos publicados.

Primera edición: abril 2024

Impreso por: Grupo Jomagar

Impreso y encuadernado en España – *Printed and bound in Spain*

Índice

Prólogo

David Soria Molina

L a batalla por el control de los mares requirió, desde sus inicios, de la presencia de tropas armadas a bordo de las naves intervinientes, contingentes de los
que –tan pronto como el poder naval desveló su estratégico potencial para
proyectarse sobre las costas y más allá– no tardaría en precisarse también el desempeño de variadas funciones anfibias. Naturalmente, ambos ámbitos demandaron
un alto grado de especialización y preparación a estas fuerzas. Su disponibilidad
en números suficientes devino, pues, enseguida en pieza clave de las armadas de
cualquier potencia naval digna de tal nombre. Sin ellas, sus embarcaciones serían
vulnerables y su poder marítimo estaría invariablemente manco.

Los ejércitos y armadas de la Monarquía Hispánica fueron pioneros en la formación de una fuerza verdaderamente profesional, especializada en el combate a bordo
y desde sus naves. Así, en respuesta al abrumador desafío de un Imperio otomano
–"el turco"– que amenazaba con adueñarse del Mediterráneo, sobre las gastadas
huellas legadas por los *classiarii* romanos y las relativamente improvisadas –pero
cuidadosamente reglamentadas– fuerzas embarcadas de las armadas castellanas y
aragonesas de la plena y Baja Edad Media, por orden del emperador Carlos V la
España de los Habsburgo dio a luz, en 1537, a los llamados tercios del mar. Este
cuerpo de los ya temidos tercios españoles estaba consagrado, pues, al servicio en
las flotas de la monarquía y al desempeño de toda clase de operaciones anfibias, es
decir, funciones todas ellas propias de las fuerzas especiales actuales. Adaptadas a
las nuevas realidades impuestas por el creciente arsenal de pólvora, a los inevitables
cambios tácticos y a las nuevas (y viejas) necesidades de la guerra naval y anfibia,
no solo ya en el Mediterráneo, sino en la inabarcable inmensidad de la mar océana,
consagraron con su sangre, su sudor y sus calladas lágrimas el dominio hispanoluso
de los mares durante casi dos siglos. Sus capacidades operacionales y superioridad
llegaron, incluso, a convertir en doctrina el eludir, en la medida de lo posible, el
combate cercano entre los rivales de las armadas de la monarquía.

La batalla por el control de los lucrativos, y cada vez mejor conocidos, océa-
nos continuó en el siglo XVIII, del cual fue, probablemente, uno de sus sellos
distintivos. Y para adaptarse a las nuevas necesidades de la guerra en el periodo
–y de las circunstancias geoestratégicas navales de la España borbónica– los
tercios del mar devinieron en Batallones de Infantería de Marina (1717), un paso
decisivo más en la profesionalización y organización de tales fuerzas especiales. La conformación de estos cuerpos y su desarrollo antecede históricamente,

como vemos, en más de dos siglos a la fundación oficial de los Royal Marines británicos y del archiconocido Cuerpo de Marines de los Estados Unidos, integrando una fuerza pionera cuya trayectoria se extendería desde entonces, casi sin interrupción, hasta la actualidad. Desde entonces, los infantes de Marina fueron responsables de humillar a las fuerzas de lord Vernon en Cartagena de Indias (1741), de batirse hasta el final a bordo del navío Glorioso en el Atlántico, de defender con bravura –para admiración de propios y ajenos– la enseña nacional en la popa del San Nicolás durante los reñidos combates de la batalla del cabo de San Vicente (1797), o de batirse el cobre en los tempestuosos días de la invasión napoleónica. Los tiempos y la fortuna no fueron generosos, ni con su patria ni con ellos mismos. A los Batallones de Marina les tocó ser, no pocas veces, la primera y última defensa de la autoridad de la Corona en sus posesiones de ultramar, tanto a inicios del siglo XIX como a finales del mismo. La –a veces sana– ironía de la historia querría que, además, la Infantería de Marina honrara esa omnipresente y pragmática capacidad de adaptación que mostraran sus lejanos antepasados romanos –que una vez abandonaran la tierra firme para pelear en el mar, con mayor o menor gusto, pero excelentes resultados–, al dejar las cubiertas de los primeros acorazados por la silla de montar, a fin de constituirse en formidables guerrillas a caballo durante la Guerra de Cuba; en suma, una suerte de "Caballería de Marina". Por desgracia, ello no impidió que, al final, en 1898 los sueños de ultramar quedaran reducidos a Marruecos y otros dominios africanos.

Y, aun así, a pesar de las convulsiones y las guerras civiles que jalonaron el XIX hispano, unida a la artillería naval o separada de esta –su rama hermana, a cargo del servicio de las piezas de artillería de a bordo– y, sobre todo, sometida a un cuestionamiento creciente, ello no impidió que la Infantería de Marina sembrara y cosechara todavía más laureles en las costas –y tierra adentro– norteafricanas. Presentes estuvieron en las campañas de la Guerra de África (1859-1860) y, décadas después, también en el desembarco de Alhucemas (1925), esa especie de "renacer" de la guerra anfibia, tras su presunta muerte en Galípoli (1915). Brevemente disuelta como cuerpo por la Segunda República, el estallido de la Guerra Civil llevaría a su inmediata resurrección por ambos bandos. La segunda mitad del siglo XX vería a la Infantería de Marina española abandonar tenazmente la precariedad de los tiempos de posguerra, en un progresivo proceso de modernización que la llevaría a erigirse en una fuerza de modernidad y eficacia operativa incuestionables, digna anfitriona y participante en ejercicios conjuntos con otras fuerzas análogas y navales, fuera y dentro del paraguas de la Organización del Tratado del Atlántico Norte (OTAN). Su trayectoria, sembrada, como hemos visto, de no pocos avatares y sinsabores, pero también de hitos y sonados triunfos, la ha llevado no ya a sobrevivir, sino a consagrarse como un cuerpo de probada eficacia y reconocido prestigio. Fiel a su tradición, en la actualidad la Infantería de Marina española constituye una fuerza internacionalmente respetada y de referencia, no solo como unidad de élite dentro de la rama de las fuerzas especiales y anfibias, sino por su destacado concurso en todas las misiones en las que, como fuerza de paz bajo la bandera de la Organización de las Naciones Unidas (ONU), ha intervenido y sigue interviniendo, sin perder nunca de vista un futuro pleno en nuevos desafíos que, a buen seguro, sabrá superar con nota. ■

Los tercios del mar
Origen, organización y funciones

Magdalena de Pazzis Pi Corrales

Hay un dicho de los griegos clásicos con el que parece oportuno comenzar estas páginas: "hay tres clases de hombres: los vivos, los muertos y los que están en la mar", una expresión con la que quiero distinguir y rendir homenaje a esos soldados que vivieron y murieron con arrojo y valor por su país y por su soberano. La Academia de Ciencias y Artes Militares, nacida en el año 2018, a la que pertenezco en calidad de académica de número, tiene un lema que viene también a propósito: "saber el pasado, conocer el presente, descubrir el futuro de nuestras Fuerzas Armadas". Saber, conocer, descubrir es la intención de las líneas que siguen para tener conocimiento de lo que fueron los tercios del mar, al objeto de entender la historia de la primera Infantería de Marina española; es el resultado de varios años de investigación en diferentes entidades archivísticas españolas y extranjeras, civiles y militares, sin olvidar la amplia bibliografía existente sobre los tercios en general, además de las fuentes impresas, las literarias y los excelentes resultados que la arqueología submarina nos está ofreciendo en los últimos tiempos. En definitiva, una amplia y certera base para analizar, comprender y mostrar la organización, estructura y funciones de los soldados en el mar, lo que significó vivir y morir embarcados combatiendo por su patria y por su rey, teniendo en cuenta las largas horas en la inmensidad del océano hacinados en navíos, faltos de asistencia sanitaria, con una escasa y pobre alimentación, sufriendo el ensordecedor ruido, la confusión, los disparos –certeros o no– contra el enemigo o las dificultades en el abordaje.

Los tercios y la necesidad de una fuerza de infantería de marina

En el gran interés que existe hoy día sobre la historia militar, los tercios parecen tener un atractivo especial, tanto para investigadores como para el gran público, lo que ha provocado la aparición de un importante número de publicaciones: ensayos, novelas históricas, incluso películas que, con mayor o menor rigor nos acercan a la historia de estos soldados. También hay asociaciones culturales, agrupaciones de recreación histórica, al igual que profesionales dedicados a la recuperación de hechos destacados, bien mediante la fotografía (el caso de Jordi Bru) o la pintura (de Augusto Ferrer Dalmau).

Se ha escrito mucho sobre los tercios, desvirtuando en bastantes ocasiones la realidad con mitos y fábulas nacidas del desconocimiento o de unas reminiscencias de la leyenda negra, que hicieron de ellos soldados diferentes de los otros ejércitos europeos, atribuyéndoles como específicos unos comportamientos sanguinarios y brutales, cuando eran los modos habituales de las tropas de la época. Los rigurosos análisis han puesto sobre el tapete si eran unos valientes y profesionales soldados, curtidos en la destreza de sus armas –pica, arcabuz y mosquete– o eran ladrones y desertores sedientos de botín, que arrasaban los pueblos cuando estaban de guarnición o a su paso hacia el lugar de destino. Ha sido frecuente el olvido de los rasgos que los singularizaban positivamente: su espíritu de cuerpo, su relación con la población civil cuando estaban destinados en guarniciones o ciudadelas, su camaradería, etc. En cualquier caso, no debemos dejarnos arrastrar por los tópicos, pues los tercios no fueron ni más sanguinarios, ni más saqueadores que los ejércitos pertenecientes a otras naciones.

Un **SOLDADO DE LOS TERCIOS DEL MAR** aprovecha uno de los múltiples momentos de inactividad a bordo para echar una partida a las cartas con un contrincante al que no podemos ver, acaso jugándose con ello parte de su exigua soldada. Cuelga de su cinto su **ESPADA DE HOJA LARGA Y RECTA**, en tanto a sus pies yacen su **MORRIÓN** y su **CORAZA**, panoplia habitual de alabarderos, piqueros y rodeleros por igual. De su panoplia defensiva solo lleva encima, cómodamente desabrochado, el **COLETO DE ALGODÓN ACOLCHADO** que viste habitualmente como protección básica sobre la camisa. Completa su vestimenta un sombrero de copa que nos permite situar la escena entre 1570 y 1600. © José Luis García Morán

Pintura anónima que recrea el choque frontal entre las galeras otomanas y de la Santa Liga durante la batalla de Lepanto. La imagen permite apreciar con bastante claridad la táctica habitual empleada en estos choques: una salva cercana de la artillería de la corulla antes de proceder al abordaje a través del espolón. National Maritime Museum of London.
© Harrygouvas

Julio Albi de la Cuesta, uno de los autores contemporáneos más conocedores de estos soldados, afirma que "Macedonia tuvo sus falanges, Roma sus legiones y España, los tercios". Y añade:

[…] siempre mal pagados, siempre blasfemando bajo los coletos atravesados por una cruz roja, los tercios enmarcaron con sus picas un periodo fulgurante de la historia de España, para acabar muriendo bajo sus banderas desgarradas en una larga agonía en los campos de batalla europeos y, de forma más dolorosa, en la memoria de sus compatriotas […].

En realidad, con sus virtudes y con sus defectos, marcaron una época gloriosa para el Ejército español. Y de lo que no hay duda alguna es de que en el transcurso de las Guerras de Italia –a partir de 1498– quedó manifiesta la importancia de la infantería en los campos de batalla y su superioridad se revelaría con un hecho significativo: en la batalla de Pavía (1525) lo más granado de la caballería pesada francesa cayó bajo los disparos de los arcabuceros españoles y unos infantes apresaron a su rey, Francisco I. La conjunción de picas y armas de fuego portátiles empezaba a transformar la guerra y en esa evolución, los tercios, formados inicialmente por voluntarios que combatían por una soldada, serían decisivos.

Cualquier interesado y conocedor de la historia militar española de los siglos XVI y XVII sabe que los tercios constituyeron la unidad de élite del Ejército hispánico en aquel periodo de la Modernidad, el cuerpo de infantería, hasta que, en 1704, con la llegada de la dinastía Borbón a España, desaparecieron para integrarse en el nuevo modelo de Ejército que puso en marcha Felipe V, convirtiéndolos en regimientos y más tarde batallones, a semejanza de los modelos francés y prusiano de la época (siglo XVIII). Conviene precisar que el término específico que debe utilizarse es el de hispánico y no español, porque ese Ejército se componía de soldados de muchas "naciones", y que alrededor de un doce por ciento como mucho eran españoles, siendo el resto de sus componentes portugueses, italianos, flamencos, tedescos o tudescos (alemanes), suizos y otras nacionalidades. De hecho, era habitual que en las batallas terrestres o navales compartieran enfrentamientos picas alemanas con arcabuceros suizos y mosqueteros españoles, por ejemplo. Y su estructura y actuación no difirió de su organización, ya fuera actuando en tierra o en la mar.

Una de las imágenes más notorias de la Monarquía Hispánica en la Edad Moderna es la de un continuo batallar, un belicismo constante con frentes simultáneos abiertos en todo el mundo conocido entonces. Como potencia hegemónica, tuvo que llevar a cabo un formidable empeño para resguardar y conservar sus posesiones, aplicando una constante política ofensiva en espacios e intensidades distintos que requerían un esfuerzo costoso en hombres y recursos y no siempre con los resultados deseados; empleando, de igual forma, una política defensiva, si las circunstancias así lo requerían. Fue la respuesta del carácter esencialmente marítimo de los territorios que la integraban, la unión de muchos de ellos por el ámbito naval y la necesidad de dominar el mar para salvaguardarlos, lo que había forzado a los gobernantes españoles a ensayar de forma reiterada una política naval adecuada.

Algo lógico, siendo como era la España de entonces una de las protagonistas indiscutibles de los acontecimientos descubridores de finales del siglo XV que habían alcanzado, por primera vez, grandes zonas del mundo que hasta entonces les eran ignotas o inaccesibles: África meridional y oriental, el sur y este de Asia, y América. Estos viajes revelaron "el descubrimiento del mar", el hecho geográfico de la unidad marítima en la que todos los mares del mundo eran uno solo y que había pasos de un océano a otro. También evidenciaron que el piélago resultaba un elemento aglutinador y separador de civilizaciones, que la historia naval trascendía mucho más que la sucesión de operaciones de combate de barcos. El poder en este teatro de operaciones fue una herramienta al servicio de las relaciones internacionales que comenzaron pronto a manifestarse, desde su organización hasta la asignación de recursos. La orientación de actores, elementos y conocimientos aplicados a las secuencias de los acontecimientos históricos de estos siglos permitió establecer unas pautas de actuación al objeto de constituir la mejor de las políticas posibles para que la Monarquía Hispánica pudiera ser señora en el mar y mantener esa posición hegemónica. Y al asentar la vertebración de su entramado territorial sobre el poder naval, este dependió en buena medida del acierto en el diseño de sus barcos, su porte, arqueo y capacidad ante la multiplicidad de intereses que sirvieran para todo y en todas partes. En el giro del centro de gravedad hacia el Atlántico y en particular hacia el canal de la Mancha, donde tuvo lugar la disputa con Inglaterra y con las Provincias Unidas, se jugaba el dominio de todos los mares, de ahí que la Corona reorganizara sus capacidades en escuadras y supervisara la evolución de los navíos aumentando la interacción entre el desarrollo tecnológico y el administrativo.

En aquellos años un buen número de personalidades relevantes, capitanes y hombres de mar, consejeros reales, eclesiásticos y simples súbditos manifestaron a los soberanos españoles su interés y entusiasmo por mejorar el estado de las armadas, potenciar sus estructuras y dotaciones, aumentar su seguridad y autonomía

Vista frontal de la proa de la Galera Real de don Juan de Austria, nave insignia de la escuadra hispana en la batalla de Lepanto (1571). Llama la atención el prolongado espolón, que en las galeras de los siglos IV-VI (dromones) ascendió progresivamente hasta quedar al final a la altura de la cubierta, convertido en el Medievo tanto en un arma ideada para destruir los remos de la embarcación enemiga como para servir de pasarela de abordaje. Este diseño y funcionalidad del espolón perviviría, con escasas modificaciones, hasta la desaparición de este tipo de naves a lo largo del siglo XVIII. © RobKohl85

y alcanzar la unidad de mando. A través de escritos y memoriales, insistieron a sus monarcas acerca de cómo actuar para lograr tal objetivo, pese a que los resultados no fueron siempre satisfactorios y ya en el siglo XVII se evidenció la insuficiencia de los recursos marítimos españoles y la imposibilidad de acometer con éxito distintos frentes bélicos simultáneos abiertos en sus fronteras.

Hasta entonces y desde los primeros siglos de la Modernidad, la Monarquía Hispánica puso en marcha varios dispositivos y diferentes alternativas para contar con una Armada eficaz y útil a los distintos compromisos que las especiales circunstancias políticas iban requiriendo. Existían barcos que eran propiedad de la Corona y otros a los que esta recurría mediante el embargo o la requisa, además de emplear el sistema del contrato o asiento con los propietarios privados. En estos últimos asientos nada se dejaba al azar y hallamos con detalle y minuciosidad las condiciones que se establecían por ambas partes, estipulándose el número, tipos y tonelaje de los barcos, cantidad de gente de mar y guerra y otros extremos como la cuantía de vituallas y bastimentos.

Por otro lado y, a partir del reinado de los Reyes Católicos, se aplicaron el incentivo y las exenciones fiscales a los armadores en la construcción de barcos, así como diferentes programas de construcción naval para los cuales se empleó personal especializado que aconsejó a los monarcas el tipo de navíos a fabricar, la madera a emplear y otros pertrechos adecuados y necesarios en su composición, la aptitud y funcionalidad de los prototipos navales para distintos ámbitos marítimos –las galeras y sus "hermanas" en el Mediterráneo y los galeones en el Atlántico–, dónde construirlos, la dotación artillera y los procedimientos administrativos adecuados para conseguir satisfactorios resultados. Todo ello exigió un crónico esfuerzo económico, manifestado en el alto costo del mantenimiento de barcos y hombres para las permanentes o esporádicas fuerzas navales repartidas en los escenarios que formaban parte de la Monarquía Hispánica.

A mediados ya del siglo XVII los tercios podían embarcar en las siguientes armadas: Armada del Mar Océano (que guardaba las costas peninsulares y el Atlántico norte); la Armada de Flandes (que actuaba en el canal de la Mancha y en el mar del Norte); la Armada de Guarda de la Carrera de las Indias (encargada de proteger, a modo de convoy, las flotas procedentes de América); la Armada de Barlovento (para las aguas del Caribe); la Armada del Mar del Sur (que operaba en el virreinato de Perú y en el istmo de Panamá). Y, por último, las escuadras de galeras de España, Nápoles, Sicilia y Génova.

El origen de los tercios del mar

La evolución histórica de la Infantería de Marina (tercios del mar) hasta los tiempos presentes puede fragmentarse en varios periodos específicos, según las distintas funciones que ha realizado, que van desde su consideración como fuerza de desembarco, a la de guarnición de buques, como fuerza expedicionaria, a modo de acompañamiento de bases y buques y, de nuevo, como fuerza de desembarco, ya en la época actual, si bien tiene poco que ver con aquella infantería primigenia, al igual que ha ocurrido con las diferentes denominaciones que ha tenido el cuerpo.

Hay que esperar al siglo XVIII para hablar de Real Armada, ya que hasta entonces la fuerza naval de la monarquía estaba formada por varias escuadras denominadas según el espacio geográfico en el que actuaban, la procedencia de los barcos o la artillería que la componían. Conviene aclarar que la reunión de varias escuadras constituía una armada de guerra, mientras que la denominación de *flota* debe aplicarse a un conjunto de barcos destinados a la actividad comercial y mercantil.

Antes de que la Monarquía Hispánica adquiriera su protagonismo hegemónico, ya en la Edad Media hubo soldados embarcados en navíos y su misión era fundamentalmente táctica, no la ejecución de labores marineras. A esos infantes se les conocía como *"sobresalientes"*, según lo confirma la legislación de entonces, el Código de las Siete Partidas y el Libro del Consulado del Mar, en los que se alude a ellos también como *"los usados en la mar"*. El primero es un conjunto de reglas redactado para el reino de Castilla durante el reinado de Alfonso X el Sabio (*reg.* 1252-1284), con el objetivo de conseguir una cierta uniformidad jurídica del reino, siendo su nombre original Libro de las Leyes aunque en torno al siglo XIV recibió su vigente designación por los apartados en los que se dividía. Esos *"sobresalientes"* constituían las guarniciones que salvaguardaban los navíos de la Marina de Castilla, fundada en las costas cantábricas durante el siglo XII por el obispo Diego Gelmírez, para proteger este litoral de los ataques que los normandos protagonizaban con regularidad. El segundo, el Consulado del Mar (1484), de origen valenciano, es un compendio de leyes de derecho marítimo, prácticas y costumbres navales realizadas hasta entonces en el Mediterráneo. Era el resultado de la necesidad y preocupación del reino de Aragón por defender sus costas y regular su actividad comercial y mercantil.

Así, esos "soldados de mar" embarcaban en cualquier navío para su protección, estaban prestos para la acometida a otro buque o bajar a tierra enemiga, pero era gente a la que se contrataba de forma particular en los puertos y villas costeras, se reclutaba solo cuando era necesario y no constituían unidades regulares, ya que, al acabar una empresa o *jornada* naval, los soldados regresaban a sus casas. La labor que realizaban estos infantes se consideraba igual que otra profesión, como la de los calafateadores, cirujanos y demás operarios. Además, las ordenanzas del periodo requerían al soldado su propio armamento, coraza y otros elementos necesarios para su cometido y, una vez en el barco, se ejercitaba y adiestraba, sin ejecutar ninguna otra ocupación en el buque.

Por otra parte, en el código legal castellano se especificaba que la misión de los soldados embarcados era "*lidiar con los enemigos*" –es decir, ejecutando un plan de combate a bordo, procurando asaltar al navío contrario desde la proa–, que el conjunto de la guarnición sería una tercera parte de la tripulación de cada galera –alrededor de unos treinta hombres– y que para el abordaje serían asistidos por los marineros. Al final, se alcanzaría el combate cuerpo a cuerpo decisivo, muy análogo al que habitualmente se realizaba en tierra. El Libro del Consulado del Mar pormenorizaba de manera similar los derechos y obligaciones de estos soldados embarcados.

Con el descubrimiento de América se amplió la navegación militar y comercial, y los Reyes Católicos determinaron que todo barco que realizara su singladura debía salir con su propia guarnición para su defensa, para lo cual los soldados eran contratados puntualmente por sus propios capitanes o armadores antes de la partida. En 1522, la Casa de Contratación de Sevilla puso en marcha un modelo de ejército privado con el deber de defender las naves comerciales en la ruta desde España a América y a la inversa. Poco después, en 1528, se creó el denominado Tercio de Galeones, un cuerpo veterano cuya novedad consistía en que sus efectivos no se renovaban para cada ocasión, sino que se mantenían de manera estable, sirviendo durante el viaje, estancia y regreso a los lugares que se les asignaban. Era un paso más en la organización de disposiciones protectoras del comercio indiano frente a los cada vez mayores ataques piráticos y corsarios.

Un aspecto a destacar en las operaciones marítimas a lo largo del tiempo ha sido la capacidad de las armadas para proyectar sus fuerzas navales a tierra, es decir, la capacidad anfibia. Fruto de la necesidad de hacer frente a las amenazas a las que se enfrentaba la Monarquía Hispánica en su expansión y dominio en los escenarios marítimos, Carlos I procuró los primeros movimientos en la creación de la Infantería de Marina española, la más antigua del mundo. La ocasión se le presentó cuando la peligrosa expansión otomana se hizo presente en Europa y el Mediterráneo. Ante el avance imparable del turco, el rey puso en marcha la estrategia de impulsar el empleo de sus escuadras de galeras para intentar alcanzar el dominio en aquellas aguas, por su presteza y agilidad. En 1535, llevó a cabo su primera acción formal en Túnez, al lograr desembarcar, al mando del almirante Andrea Doria, más de treinta mil soldados desde cuatrocientos setenta barcos con los tercios recién creados por la real ordenanza de 1534, formados por soldados veteranos de Italia. Túnez se rindió

La galera en combate, 1580

Posiciones de la infantería y de los marineros armados para la defensa ante un abordaje

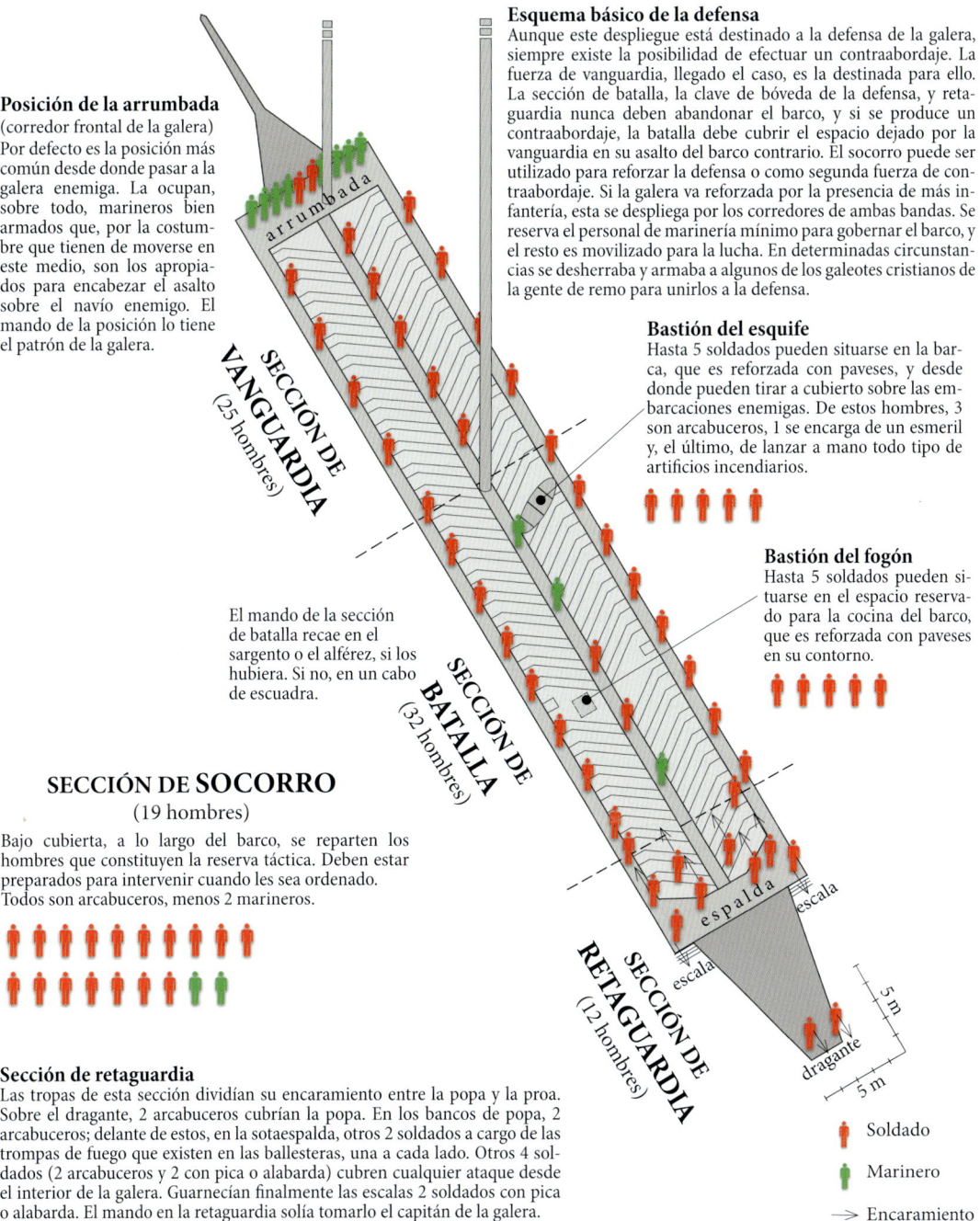

Posición de la arrumbada

(corredor frontal de la galera)

Por defecto es la posición más común desde donde pasar a la galera enemiga. La ocupan, sobre todo, marineros bien armados que, por la costumbre que tienen de moverse en este medio, son los apropiados para encabezar el asalto sobre el navío enemigo. El mando de la posición lo tiene el patrón de la galera.

Esquema básico de la defensa

Aunque este despliegue está destinado a la defensa de la galera, siempre existe la posibilidad de efectuar un contraabordaje. La fuerza de vanguardia, llegado el caso, es la destinada para ello. La clave de bóveda de la defensa, y retaguardia nunca deben abandonar el barco, y si se produce un contraabordaje, la batalla debe cubrir el espacio dejado por la vanguardia en su asalto del barco contrario. El socorro puede ser utilizado para reforzar la defensa o como segunda fuerza de contraabordaje. Si la galera va reforzada por la presencia de más infantería, esta se despliega por los corredores de ambas bandas. Se reserva el personal de marinería mínimo para gobernar el barco, y el resto es movilizado para la lucha. En determinadas circunstancias se desherraba y armaba a algunos de los galeotes cristianos de la gente de remo para unirlos a la defensa.

Bastión del esquife

Hasta 5 soldados pueden situarse en la barca, que es reforzada con paveses, y desde donde pueden tirar a cubierto sobre las embarcaciones enemigas. De estos hombres, 3 son arcabuceros, 1 se encarga de un esmeril y, el último, de lanzar a mano todo tipo de artificios incendiarios.

Bastión del fogón

Hasta 5 soldados pueden situarse en el espacio reservado para la cocina del barco, que es reforzada con paveses en su contorno.

SECCIÓN DE **VANGUARDIA**
(25 hombres)

El mando de la sección de batalla recae en el sargento o el alférez, si los hubiera. Si no, en un cabo de escuadra.

SECCIÓN DE **BATALLA**
(32 hombres)

SECCIÓN DE **SOCORRO**
(19 hombres)

Bajo cubierta, a lo largo del barco, se reparten los hombres que constituyen la reserva táctica. Deben estar preparados para intervenir cuando les sea ordenado. Todos son arcabuceros, menos 2 marineros.

SECCIÓN DE **RETAGUARDIA**
(12 hombres)

arrumbada

espalda

escala

escala

dragante

5 m

5 m

Sección de retaguardia

Las tropas de esta sección dividían su encaramiento entre la popa y la proa. Sobre el dragante, 2 arcabuceros cubrían la popa. En los bancos de popa, 2 arcabuceros; delante de estos, en la sotaespalda, otros 2 soldados a cargo de las trompas de fuego que existen en las ballesteras, una a cada lado. Otros 4 soldados (2 arcabuceros y 2 con pica o alabarda) cubren cualquier ataque desde el interior de la galera. Guarnecían finalmente las escalas 2 soldados con pica o alabarda. El mando en la retaguardia solía tomarlo el capitán de la galera.

Soldado

Marinero

Encaramiento

y quedó en manos hispánicas. Allí se evidenció con éxito el envío de numerosas unidades por mar y su desembarco posterior, que reveló a Carlos I la exigencia de contar con tropas de infantes entrenados para combatir a bordo de sus escuadras de galeras, con arcabuceros profesionales cada una de ellas.

En ese año, el soberano había ordenado reorganizar las compañías de infantería situadas en territorio italiano y, fue la denominada Ordenanza de Génova de 1536, el corpus legislativo que permitió la andadura profesional de la unidad. Con la potencia de fuego de los arcabuceros y su arma, el arcabuz, que ya habían destacado en la batalla de Pavía (1525), los tercios embarcados vencían a los ballesteros turcos, hasta que estos últimos comenzaron a hacer uso también de esa arma, igualando entonces los combates.

El éxito de Túnez decidió al soberano español a crear el 27 de febrero de 1537 las Compañías Viejas de la Mar de Nápoles, para dotar a las escuadras mediterráneas de una guarnición propia: arcabuceros profesionales, muy bien adiestrados, que facilitaban la potencia de fuego necesaria en el inicio del abordaje y estaban al servicio permanente de las galeras de ese reino. Con el tiempo llegaron a constituir el Tercio Viejo del Mar de Nápoles, heredero pues de las Compañías Viejas y que más tarde tomaría el nombre de Tercio Fijo de Nápoles.

Con la llegada al trono de Felipe II, la situación de los soldados de marina cambió porque el nuevo soberano, además de su función como guarnición de defensa de los navíos, extendió su esencia al determinar su embarque en todas las armadas de galeras y galeones. Su intención fue proyectar el poder naval sobre la costa enemiga, creando así el concepto de guerra anfibia actual, pues una vez que desembarcaban de sus navíos de transporte, formaban con presteza en cuadro y se desplazaban al combate como cualquier otro tercio terrestre. Su primera gran victoria fue la toma del Peñón de Vélez de la Gomera (1564) y la defensa del asedio turco a Malta un año después.

No obstante, el largo tiempo invertido en la preparación de la fuerza de desembarco en la isla mediterránea había hecho pensar a Felipe II en la imperiosa necesidad de confiar en una guarnición siempre dispuesta a largas navegaciones y con capacidad para desenvolverse a bordo, circunstancia bien distinta a las operaciones en tierra, por lo que ordenó la formación de componentes conjuntos terrestres y navales estables embarcados para actuar con la denominación de infantería de armada, creando así, también un 27 de febrero, pero del año 1566, el Tercio Nuevo de la Mar de Nápoles, el Tercio de la Armada del Mar Océano y el Tercio de Galeras de Sicilia. Nacía así el concepto de "fuerza de desembarco", al asignarse a cada escuadra de galeras y galeones, soldados dispuestos a desembarcar dónde y cuándo se les necesitase para formar en tierra unidades tácticas con capacidad de combate perfectamente adiestradas.

Don Pedro Padilla, experimentado capitán de infantería en Flandes y consejero de guerra del rey, fue designado maestre de campo del Tercio Nuevo de la Mar de Nápoles, siendo su teatro de operaciones las aguas mediterráneas occidentales y el litoral peninsular, al que se incorporaron las Compañías Viejas de la Mar de Nápoles, adquiriendo entonces la veteranía y experiencia de estas últimas. El recién creado Tercio de la Armada del Mar Océano tuvo al mando a don Lope de Figueroa, otro brillante militar español, que intervino desde su base en Nápoles y operó sin distinción en el Atlántico y en el Mediterráneo. Podemos, pues, afirmar que a partir del reinado de Felipe II, la monarquía contaba con un instrumento anfibio, que ya estuvo plenamente desarrollado a finales del siglo XVI, puesto en acción y que combatió en la batalla de Lepanto (1571), la conquista de Portugal (1580), en los desembarcos en las Azores durante las campañas consecutivas de 1582 y 1583, en la Gran Armada de 1588, así como en otras posteriores.

Ya en el siglo siguiente, en 1633, nacieron las Ordenanzas de la Armada del Mar Océano y en ellas se recopilaban todas las leyes dispersas existentes en el conjunto de disposiciones legales anteriores. Años después, a comienzos del siglo XVIII, se publicaron las ordenanzas de Patiño que crearon el Ejército de Tierra y la Armada tal como hoy los concebimos, al crear el Cuerpo de Batallones de Marina desde el año 1717, cuya misión era constituir las guarniciones de los buques de la nueva Armada Real borbónica y formar la vanguardia de las columnas de desembarco. El reconocimiento de su existencia en el conjunto de las Fuerzas Armadas españolas tuvo lugar el 10 de julio de 1978, cuando el rey Juan Carlos I firmó un real decreto por el que se disponía que "se fija el año de 1537 como antigüedad del cuerpo de infantería de marina". Finalmente, una orden ministerial de 22 de abril de 1981 fijó el 27 de febrero a efectos conmemorativos, por ser el día en que se creó el primer Tercio de la Armada del Mar Océano, el Tercio de Galeras de Sicilia y el Tercio Nuevo de Nápoles.

Los tercios del mar embarcados

Cuando se ponía en marcha una empresa o jornada naval, las dificultades eran numerosas. En primer lugar, se nombraba un capitán general de la Armada, que solía ser un marino de prestigio y experiencia en la mar. Luego, comenzaban los preparativos, desde la reunión de los barcos –que podían ser propiedad de la Corona,

Una galeaza trata de apoyar a los galeones de la Felicísima Armada durante en esta obra anónima titulada *Lanzamiento de brulotes contra la Armada española, 7 de agosto de 1588*. Durante los siglo siglos XVI y XVII, las galeras y galeazas hubieron de explotar su superior maniobrabilidad para confrontar, mediante decididos abordajes, el creciente poder artillero de los grandes navíos a vela. Óleo sobre lienzo (*ca.* 1590). National Maritime Museum of London.

requisados o alquilados a particulares e, incluso, construidos al efecto– hasta su avituallamiento, armamento, así como la organización de las dotaciones y solda-dos, la denominada –en conjunto– gente de cabo, es decir, la marinería y gente de guerra, los tercios del mar. En esa organización de la empresa naval también había que nombrar veedores para controlar las operaciones, recurrir a tenedores de basti-mentos y vituallas, y acudir a muchos oficios relacionados: madereros, carpinteros, toneleros, corcheros, herreros, caldereros, plomeros, curtidores, boticarios (para los emplastos y ungüentos), pescadores, leñadores, carboneros, cereros y estibadores. Cuando todo se estaba ultimando, había que contar con desertores y enfermos a fin de cubrir sus bajas, pues era seguro que habría circunstancias en la navegación que afectarían a la gente de a bordo y no se podía zarpar sin tenerlo en cuenta.

En efecto, resultaba todo un complejo entramado de extraordinarias dificultades, en las que no faltaba una más que dudosa honradez de los propios funcionarios reales o los abastecedores y en donde los plazos tenían una gran importancia, pues un retraso –bien por inclemencias meteorológicas, una vía de agua, necesidad de calafateo… o cualquiera otra razón– podría provocar el reabastecimiento de las vituallas y bastimentos consumidos durante la espera. Por otra parte, existía el problema del armamento y la escasez de piezas artilleras, una variedad de hasta die-cisiete, entre las que se encontraban cañones, medios cañones, culebrinas, medias culebrinas, versos, medios versos, bombardas, falconetes, sacres y otras. Dado el gran despliegue naval que exigió el mantenimiento y defensa del Imperio, todos los esfuerzos que la Corona llevó a cabo para impulsar la industria nacional, mejorar la capacidad de fabricación naval con técnicos extranjeros y ejercer su control, resultaron insuficientes para atender las necesidades existentes.

La estructura general para cualquier ámbito naval era la misma, tres tipos de "gente": los hombres de mando, la gente de cabo y la gente de remo o chusma. Entre los primeros se hallaban el capitán, el maestre y el piloto, entre otros. For-mando parte de la segunda estaba la llamada gente de guerra (los tercios) y la gente de mar (artilleros y marineros) propiamente dicha. Hablamos, pues, dentro de esta categoría, de guarnición y tripulación respectivamente, que luego, embar-cadas, constituían la dotación del navío. La guarnición estaba formada, además de gentileshombres y aventureros, por la unidad de soldados que realizaba a bordo los servicios y resguardos de armas, el sostenimiento del orden y la obediencia, y que componía la fuerza armada apta para el desembarco o el abordaje a los barcos enemigos. La tripulación integraba la marinería, encargada de la maniobra del barco y que, si era inevitable, también intervenía en el combate. Por último, y solo en las galeras, se encontraba la conocida como "gente de remo" (también llamada chusma) subdividida en voluntarios –los buenas boyas– y forzosos, entre los que,

Culebrina española de bronce del siglo XVI, actualmente preservada en el Museo Naval de Madrid. Este tipo de piezas de artillería ligera de retrocarga se emplazaban en las bordas de las galeras y galeones para apoyar acciones de abordaje o servir como defensa durante los combates a "toca penoles", en los que suponían un devastador complemento al fuego de arcabucería.
© Dorieo

a su vez, destacaban los forzados o condenados, es decir, los galeotes: ladrones, bígamos, blasfemos, desertores, vagabundos… y los esclavos.

Los infantes del mar se estructuraban en los navíos de manera semejante a la infantería de tierra. Eran de tres tipos: los escudados o rodeleros (portaban espada y escudo de metal, la rodela), los arcabuceros y los piqueros; más tarde se incorporarían los mosqueteros, al principio todos ellos voluntarios y de una edad establecida entre los veinte y los cincuenta. Más tarde, en el siglo XVII fue necesaria la recluta de vagabundos y ladrones ante la crisis demográfica del periodo. Recibían una instrucción básica, se repartían entre otras compañías veteranas ya existentes para facilitar su integración y así se combinaban la experiencia y la bisoñez. Su alto concepto del honor los hacía cumplir con su deber disciplinados hasta el final, llevando a gala el lema "*conquistar o morir intentándolo*".

El tercio se dividía en un establecido número de compañías a cuyo frente se situaba un maestre de campo. Un tercio tenía a su vez, tres coronelías cada una con cuatro capitanías de doscientos cincuenta hombres. A bordo quedaban al mando del capitán del barco, con un sargento mayor encargado del adiestramiento de la tropa. Su armamento eran el arcabuz, la espada y la daga. Las armas para el abordaje se guardaban en crujía (el espacio de proa a popa en un navío) hasta el momento de la acción. De los cuidados sanitarios se encargaba un médico, más bien un cirujano y sangrador, por cada compañía, y de la asistencia espiritual, un capellán.

Tripulación y guarnición eran grupos que se consideraban diferentes: hacían la vida de forma independiente, y comían y dormían separados. Hay que tener en cuenta que, a pesar de la dureza del tiempo que podían pasar embarcados –no en vano, en muchas ocasiones a los barcos se les consideraban verdaderas prisiones–, subir a bordo también podía ser un remedio a una vida en tierra sin perspectivas. Por eso, en un navío se encontraban campesinos, aventureros, huidos de la justicia o aquellos que no querían o podían cumplir compromisos indignos y que, por tales razones, se habían alistado como soldados o en calidad de marineros. Y es que los motivos para embarcar o huir podían ser muy variados: necesidad, pobreza, hambruna en sus tierras de origen, para hacer méritos –en especial los segundones de la nobleza–, huir de una sentencia, por tener tres comidas diarias, cobrar un sueldo estable, aprender un oficio o una profesión, o ascender en la escala social. Por otra parte, la vida en el navío resultaba muy dura por los factores que la acompañaban: la inmensidad del mar, la soledad, la inadecuada dieta alimenticia y los problemas propios de la convivencia diaria. Asimismo, hay que considerar la distribución de funciones, la rutina antes de entrar en combate en los largos días de inacción, la separación de la vida familiar, la falta de una precisa atención sanitaria e higiénica, las enfermedades, la suciedad a bordo, el hedor de los fletados y el hacinamiento.

Según relatan los testimonios documentales, tanto la marinería como la tropa no dormían a la intemperie sino bajo cubierta, pero en espacios pequeños con una higiene mínima, una aglomeración humana a la que se añadía la convivencia rutinaria con animales vivos para tener comida fresca durante la navegación, si bien pronto se terminaba. El trabajo de los soldados a bordo consistía en largas y agotadoras jornadas de adiestramiento, en mantener una constante disciplina, realizar guardias y auxiliar a los marineros en las maniobras del barco. También tenían tiempo libre que ocupaban en los juegos de azar, cantar, pescar, leer o escribir. Y ya en combate, cuando comenzaban las estruendosas andanadas de la artillería y la humareda cubría la cubierta, quedaba limitada la visión del soldado, se relativizaba la eficaz trayectoria de cualquier arma y debía luchar –además– con el sonido atronador, el desconcierto, el fuego, la desconfianza, la confusión, los naufragios, las heridas, las amputaciones, la muerte… En el transcurso de las batallas navales se producía un alto número de muertos, heridos y enfermos y, si era elevada la cifra de fallecidos directamente en el día del combate, no era menor el número de los que caían a medida que el tiempo transcurría y no recibían la atención médica adecuada, al ser escasos los recursos sanitarios y quirúrgicos. Quizá era mejor morir en el combate que enfrentarse a vivir con uno o varios miembros amputados.

La acción de los tercios embarcados y la táctica naval

Los tercios del mar subieron a bordo como núcleo de intervención rápida y actuaron en los escenarios marítimos de importancia de aquellos siglos. Tanto en el Atlántico, el mar del Norte o el canal de la Mancha como en el Mediterráneo, en el Pacífico o en el mar Caribe, los infantes españoles embarcaron para luchar contra el enemigo, al igual que lo hicieron también las unidades de infantería extranjera tomadas a sueldo –italianas, alemanas, suizas, irlandesas y valonas–, combatiendo en todas las coyunturas donde se les requería, en las empresas navales para las que eran destinados.

Los desplazamientos de los tercios hacia sus lugares de destino, en especial las tropas destinadas en Flandes utilizaron el llamado Camino Español, pero en los momentos en los que este no fue practicable o quedó cortado literalmente, el envío de soldados a otras zonas se realizó por mar. Y las acciones en las que intervinieron fueron combates navales y operaciones anfibias, que precisaron una adecuada combinación de choque y de fuego y una inmediata reacción ante imprevistos y contraofensivas.

La diferencia fundamental entre un combate naval y uno terrestre era que, en el primero, el barco podía maniobrar hacia la dirección más provechosa para infligir al enemigo el mayor daño posible. Se pretendían tres objetivos fundamentales: acometer en conjunto sobre el grueso de las escuadras enemigas, disparar el máximo de fuego potencial y después emprender el abordaje, teniendo presto una agrupación de barcos de repuesto para que acudieran a la batalla cuando más se las necesitara. Resultaba fundamental la lucha cuerpo a cuerpo en las cubiertas de esas verdaderas fortalezas flotantes, con lo que conseguían una mayor eficacia de sus armas; además, los soldados de la Armada combatían de la misma forma que lo hacían sobre tierra. Los tercios, al entrar en la contienda, se organizaban en dos

Galeón San Martín, 1582

Posiciones de la infantería, y los caballeros voluntarios, para la la batalla

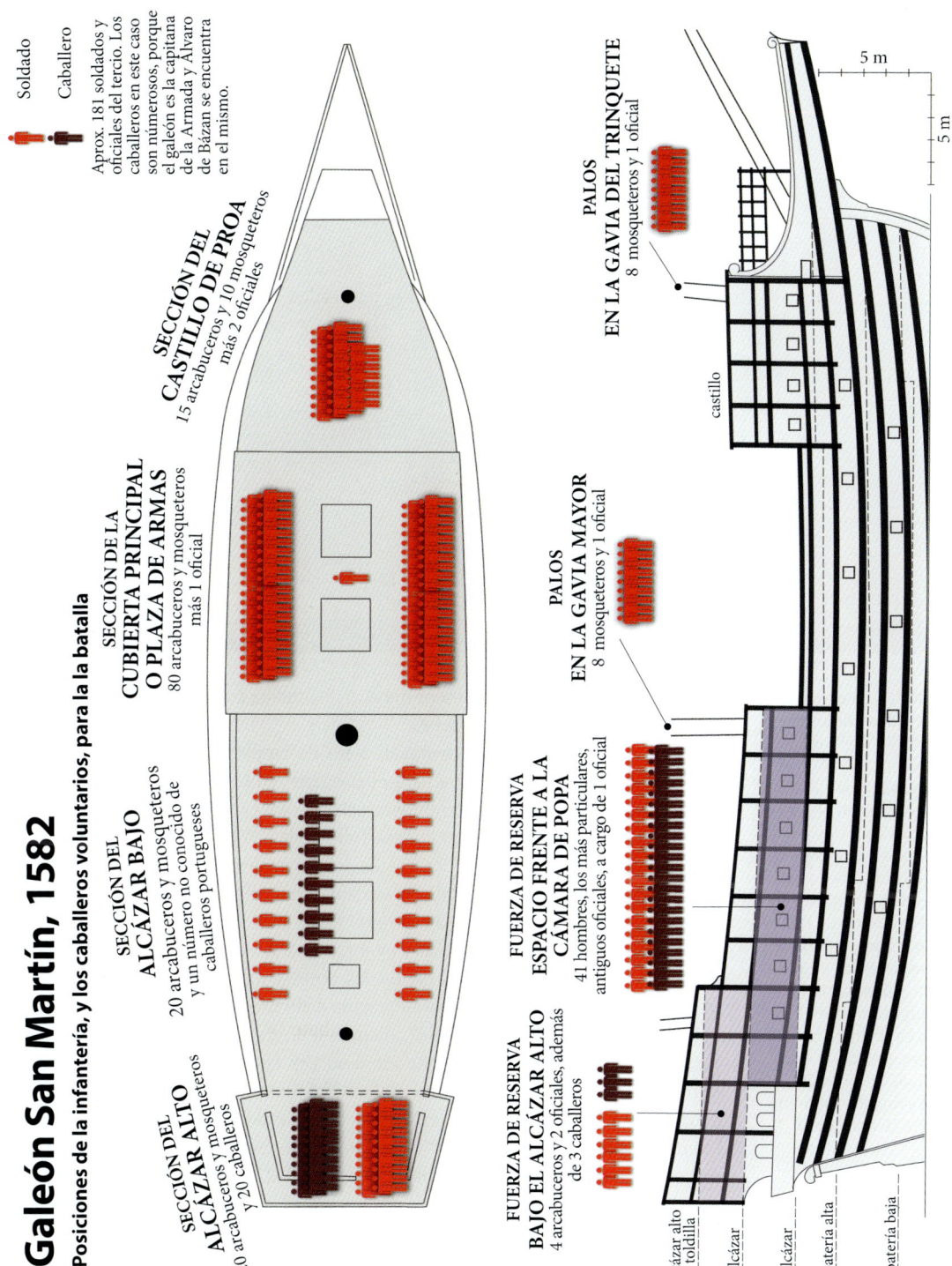

Soldado

Caballero

Aprox. 181 soldados y oficiales del tercio. Los caballeros en este caso son numerosos, porque el galeón es la capitana de la Armada y Álvaro de Bázan se encuentra en el mismo.

SECCIÓN DEL CASTILLO DE PROA
15 arcabuceros y 10 mosqueteros más 2 oficiales

SECCIÓN DE LA CUBIERTA PRINCIPAL O PLAZA DE ARMAS
80 arcabuceros y mosqueteros más 1 oficial

SECCIÓN DEL ALCÁZAR BAJO
20 arcabuceros y mosqueteros y un número no conocido de caballeros portugueses

SECCIÓN DEL ALCÁZAR ALTO
20 arcabuceros y mosqueteros y 20 caballeros

FUERZA DE RESERVA BAJO EL ALCÁZAR ALTO
4 arcabuceros y 2 oficiales, además de 3 caballeros

FUERZA DE RESERVA ESPACIO FRENTE A LA CÁMARA DE POPA
41 hombres, los más particulares, antiguos oficiales, a cargo de 1 oficial

PALOS EN LA GAVIA DEL TRINQUETE
8 mosqueteros y 1 oficial

PALOS EN LA GAVIA MAYOR
8 mosqueteros y 1 oficial

castillo

5 m

5 m

alcázar alto o toldilla

alcázar

alcázar

batería alta

batería baja

|21|

Uno de los galeones españoles salta por los aires durante la defensa de Gibraltar (1607) al prenderse su santabárbara. La brutal explosión se lleva por igual las vidas de la mayor parte de la tripulación, así como de los holandeses que trataban de abordarlo desde un navío cercano, que, incendiado y severamente dañado por la deflagración, es apresuradamente evacuado también. *La batalla de Gibraltar*, óleo sobre lienzo de Cornelis Claesz van Wieringen elaborado hacia 1621. © RIJKSMUSEUM

componentes: la situada en primera línea, que actuaba como fuerza de choque y la segunda, que quedaba como reserva.

Desde la óptica de la táctica naval, a fin de emplear mejor la potencia de la flota, la alineación más frecuente para el combate, en el caso de las galeras, era la de disponerlas todas en dos o tres líneas, con la nave capitana en el centro para dar las oportunas disposiciones al ver el desarrollo de la batalla con mayor precisión. Su fuerza propulsora la constituían los remeros, los galeotes y la chusma. Iban precedidas de varias en vanguardia, cuya misión era advertir cualquier encuentro inesperado, avistar con antelación al enemigo o proporcionar asistencia. En esas filas, las galeras se situaban al lado unas de otras y avanzaban a la vez, de manera que cuando la primera se comprometía en la contienda, las otras se movilizaban a babor y estribor para lanzarse contra las bandas de la alineación contraria. La formación más empleada fue la denominada "cruz" o "águila", dispuesta en tres cuerpos bien diferenciados: vanguardia, centro (batalla) estructurado a su vez en tres secciones, ala izquierda, centro y ala derecha; y, retaguardia. La maniobra más utilizada era la de aproximarse rápidamente a la nave rival para embestirla con el espolón de proa, abrir una vía de agua o desarbolar sus mástiles, y proceder seguidamente al abordaje. En ese acercamiento, desde el castillo de proa se hacía fuego con los arcabuces y se arrojaban armas arrojadizas y piezas incendiarias para descomponer la defensa opuesta. La batalla de Lepanto fue una excelente muestra de esta táctica y el último combate de esta índole. Cuando los enfrentamientos navales se realizaron en el océano, el prototipo naval por excelencia, el galeón, empleó la táctica moderna, en la que la propulsión vélica resultó fundamental, pues era un barco preparado para capear los temporales y emplear la artillería con piezas en diferentes puentes en un constante cañoneo a distancia.

Los tercios del mar obtuvieron sonados y conocidos éxitos, aunque tampoco faltaron los fracasos. Igualmente, realizaron labores propias de los actuales cuerpos especializados de nuestro Ejército, como la construcción de puentes, el paso por ciénagas y ríos helados, asedios, acciones anfibias, además de los quehaceres específicos de guarnición y de tropas eventuales y desembarco.

Como ya se ha señalado con anterioridad, los tercios no desaparecieron, sino que su organización, estructura, composición y funciones dejaron de tener sentido. Se integraron en el nuevo modelo que organizó el primer rey Borbón –Felipe V– tras la Guerra de Sucesión española, convirtiéndolos en regimientos y batallones tal y como estaban diseñados los ejércitos francés y prusiano de la época.

Al término de una jornada naval, los soldados tenían la alternativa de licenciarse o reengancharse, dependiendo de su estado físico y edad. En aquellos siglos no tenían pensión asegurada al final de sus vidas, no existía un sistema de jubilación ni se disfrutaba de garantía en el cobro de deudas pasadas. Por ello, muchos se vieron obligados a vivir de la caridad de sus camaradas, de la misericordia y compasión de algunas instituciones o de su capacidad para reinsertarse a la vida civil. Se les calificó entonces de "soldados viejos o estropeados" cuyo destino dependió siempre de su salud, del grado de invalidez o discapacidad, de su lugar de asentamiento, de su edad y de la posibilidad de lograr una gratificación real por haber destacado en sus acciones militares.

La documentación de la época es abundante en lo que se refiere a las peticiones de pagos atrasados de varios años, el cobro de lo adeudado a las naves embargadas por parte de las viudas de sus dueños o las liquidaciones de herencias testamentarias, de ahí que recurrieran con demasiada frecuencia a las instituciones religiosas y de caridad porque sabían que tendrían garantizados su alojamiento y sustento, además de la asistencia sanitaria y religiosa; era frecuente también que pulularan por la Corte en busca de pensiones o cargos. Otros que regresaban –los más afortunados– llegaban a sus lugares de origen donde, con suerte –tal vez–, les esperaba alguien o tendrían de quién o de qué ocuparse.

Reflexión final

Por todo lo expuesto, podemos deducir y valorar a los tercios del mar: combatiendo con penurias y precariedades, destacando su arrojo y valentía en esas verdaderas fortalezas flotantes en las condiciones alimentarias, sanitarias, médicas, de hacinamiento descritas…; sufrieron derrotas y victorias, de su mano sabemos sus grandezas y sus miserias, la camaradería, escasez económica, dificultad de ascenso, pobreza generalizada, desde su origen hasta su desaparición para convertirse en otro sistema más moderno y eficaz de ejército. Pese a su atribulado final no debemos olvidar que sus hazañas pesaron más que sus recelos, que su valerosa actuación fue mayor que sus deserciones y motines. Con todo, no olvidemos que a lo largo de siglo y medio fueron los soldados más admirados y también más temidos de Europa ¿O no? ■

2

Los Batallones de Marina
La Infantería de Marina en el siglo XVIII

Rafael Torres Sánchez

El crecimiento de la Real Armada española durante el siglo XVIII exigió una profunda reforma institucional de su Infantería de Marina. Del mismo modo que ocurrió con los buques, la infantería embarcada dejó de ser temporal y se convirtió en una fuerza permanente. La Real Armada se desarrolló en el Siglo de las Luces sobre la base de una centralización institucional, instalaciones de apoyo fijo y una organización profesional estable. El modelo de gestión naval de los siglos anteriores ya no era suficiente para una Marina que aspiraba a ejercer funciones de defensa y conexión del Imperio español a escala global. El control de todo lo relacionado con esa nueva Real Armada exigía también nuevos procedimientos y organigramas. Es en ese contexto de intensa transformación donde se explica la reestructuración de la Infantería de Marina, su crecimiento y especialización durante el siglo XVIII.

Unidad y autoridad naval

El principal motor de cambio fue el propio crecimiento de la Real Armada y la diversificación de sus funciones y actividades navales. La Infantería de Marina amplió sus efectivos durante todo el periodo, al tiempo que añadía a sus tradicionales servicios como tropa incorporada a las dotaciones de los buques, los relacionados con la custodia de las instalaciones de la Real Armada en arsenales, puertos y costas.

La nueva dinastía borbónica estableció a comienzos del siglo XVIII la necesidad de soldados de guarnición en sus buques en unos seiscientos hombres. Su reducido número se explica por la pequeña cantidad de embarcaciones presentes en las dispersas escuadras regionales que subsistían, así como la práctica ausencia de instalaciones de apoyo a buques y tripulaciones en tierra. La mayoría de esa fuerza se destinó principalmente a la guarnición de las flotas que cubrían el comercio con América y, de forma secundaria, al servicio de guarnición en las embarcaciones alquiladas por la Marina en el Mediterráneo.

Para cubrir esta corta fuerza era suficiente con seguir empleando los Tercios del Mar, aunque la tropa embarcada en las diversas armadas heredadas de los Austrias tuvo que adaptarse al nuevo modelo del Ejército establecido en 1704, que ya no se basaba en tercios. En 1707 quedaron establecidos los nuevos regimientos de Infantería de Marina, que tendrían en adelante un nombre perpetuo y no variarían con el cambio de coronel. Así, el regimiento del marqués de Santa Cruz pasaría a llamarse Regimiento de la Armada, o el de Gerónimo de Solís y Gante, Regimiento de Infantería de Marina Bajeles. El nombre a perpetuidad se extendía a sus uniformes y bandera. En total, la fuerza de Infantería quedó establecida en cuatro regimientos: Bajeles, Armada, Mar de Nápoles y Marina de Sicilia, cuyo organigrama queda ya separado completamente del Ejército.

Su actuación durante la Guerra de Sucesión fue limitada por la escasez de buques de la Armada, pero valiosa. Tuvieron un protagonismo destacado en la importante batalla naval de Vélez-Málaga, en 1704, o en la reconquista borbónica de Mallorca, en 1715. Su participación durante este conflicto se extendió a América e incluso a Filipinas. La utilidad demostrada por esta fuerza especializada aconsejó

Un **INFANTE DE LOS BATALLONES DE MARINA** monta guardia a bordo del navío Glorioso, la tarde previa al combate del 26 de julio de 1747 contra los navíos británicos Warwick, Larg y Montagu. Nuestro protagonista viste el **CASACÓN DE LIENZO COLOR CRUDO** en lugar de la casaca azul marino con vueltos rojos, tal y como era preceptivo en el servicio a bordo y en climas cálidos, según las ordenanzas de 1717, a fin de preservar la mencionada casaca y evitar su excesivo deterioro. Bajo esta prenda se distinguen, no obstante, la chupa y calzones azul marino, así como las reglamentarias medias rojas del uniforme de este cuerpo durante la primera mitad del siglo XVIII. © JOSÉ LUIS GARCÍA MORÁN

Junto a otras múltiples iniciativas, el entonces intendente general de Marina José Patiño Rosales, fue responsable de poner en marcha la formación del Cuerpo de Batallones de Marina –sucesores directos de los tercios del mar– en 1717, la cual puso en manos del mariscal de campo José de Vicarías. Óleo sobre lienzo de Esteban Aparicio actualmente preservado en el Museo Nacional del Prado, Madrid.

incorporarla plenamente a la reforma de la Real Armada que se produjo al acabar el conflicto sucesorio.

Coincidiendo con la reforma integral de la Real Armada, en 1717 se unificó e integró plenamente a la Infantería de Marina. La fuerza fue conocida a partir de entonces como Cuerpo de Batallones de Marina, o simplemente "Batallones". Quedó estructurada en cinco batallones, ya no regimientos: Armada, Marina, Bajeles, Océano y el del Mediterráneo. Cada batallón tenía una dotación mínima de unos seiscientos hombres, distribuidos en seis compañías, aunque con frecuencia el número se aumentaba. Su principal destino era la guarnición en los buques de la Carrera de Indias y en la base de Cádiz. El Batallón Mediterráneo quedó vinculado al servicio de galeras, tenía su base principal en Cartagena y en 1728 cambió su nombre por el de Batallón de Galeras, que se mantuvo hasta que se extinguió en 1748.

Lo importante de este cambio es que toda la fuerza de la Infantería de Marina quedó supeditada por completo a la Real Armada. Su organización interna podía ser similar a la del resto de fuerzas del Ejército, pero dependía en todo de la jurisdicción naval. En adelante, los batallones estarían subordinados exclusivamente a la autoridad del director general de la Armada.

La organización de los batallones la realizó el mariscal de campo José de Vicarías, por encargo del intendente general de Marina José Patiño. Vicarías fue nombrado su primer comandante e inspector de los batallones y fue responsable de las primeras ordenanzas en 1717. Su principal interés en estas ordenanzas fue dejar bien establecida la plena integración de los batallones en la Real Armada, unos principios que se confirmaron en las sucesivas ordenanzas y ampliaciones de funciones de la Marina. Así, los oficiales de los batallones procederían del Cuerpo General de la Armada, y todos los oficiales de la Marina podrían tener destinos en los batallones. Del mismo modo, cuando se crearon los Departamentos Marítimos, cada batallón era dependiente de la autoridad departamental donde estuviese adscrito. Para reforzar aún más esta integración, todos los batallones quedaron supeditados a la plana mayor que seguía residiendo en Cádiz.

La expansión del Cuerpo de Batallones de Marina

Salvo la eliminación del Batallón de Galeras en 1748 –a causa de la extinción de su escuadra–, el Cuerpo de Batallones de Marina fue aumentando de forma continuada durante el siglo XVIII. La primera expansión importante se produjo en 1731 al crearse otro batallón, el de Barlovento. La decisión se tomó por la necesidad de fortalecer la defensa marítima del Caribe, ante el crecimiento del contrabando y la piratería. Para oponerse a este problema, la Real Armada reactivó y reformó la antigua Armada de Barlovento, establecida precisamente en los dos siglos anteriores para proteger el comercio en aquellos mares. En consecuencia, hubo una mayor necesidad de Infantería de Marina, que no podía ser suministrada desde la España peninsular, puesto que en esos momentos se estaba incrementando el número de buques botados y las instalaciones navales. La base de esta fuerza de Infantería de Marina se fijó en Veracruz, porque era en las costas de Nueva España (México) donde existía el mayor riesgo de contrabando, ya que aquella era la región de mayor producción de plata y de mayor consumo.

La ampliación con el Batallón de Barlovento se acompañó de una nomenclatura diferente, numérica. Desde 1734 los batallones pasaron a identificarse por un número, en esos momentos del 1.º al 6.º. En 1736 ya se contaba con una fuerza de 3672 soldados. Esto suponía que se habían sextuplicado los efectivos de la Infantería de Marina durante el primer tercio del siglo XVIII.

La construcción de nuevos buques y el aumento de las comisiones de servicio hicieron que continuase la dinámica expansiva en los años siguientes. El motor de cambio fueron, entonces, los conflictos con Gran Bretaña. En concreto, la Guerra del Asiento o de la Oreja de Jenkins (1739-1748) puso énfasis de nuevo en la rivalidad angloespañola por el Caribe. La Real Armada necesitaba sostener más guarnición para los buques desplazados y durante más tiempo. En consecuencia, se ordenó en 1741 crear otros dos batallones, los números 7.º y 8.º. Como había ocurrido en las anteriores ampliaciones de batallones, los

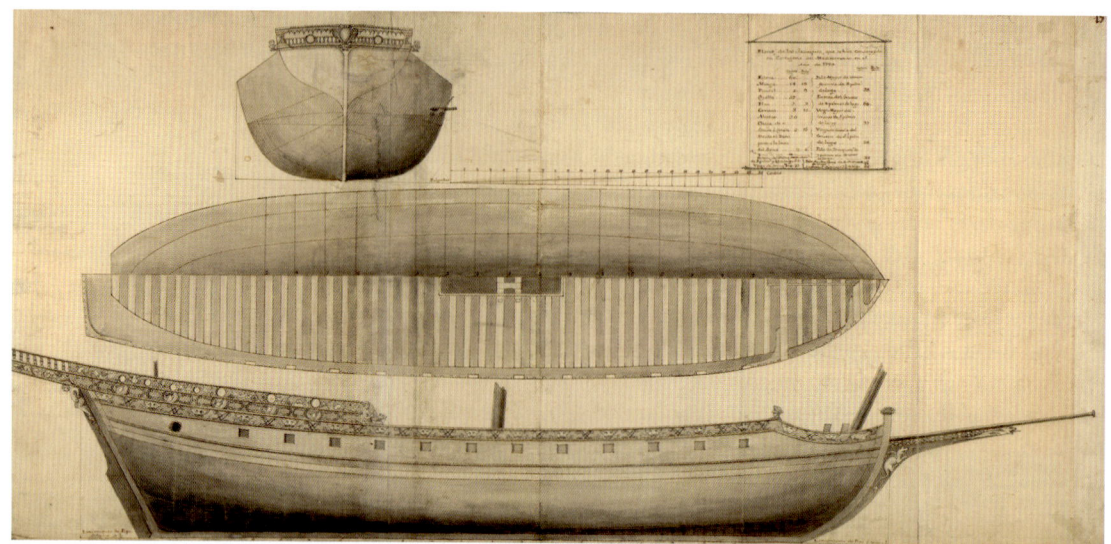

Vista de perfil, popa y fondo del casco de un jabeque, elaborado por Juan José Navarro, marqués de la Victoria, en su *Diccionario demostrativo, con la configuración o anatomía de toda la architectura naval moderna* (1719-1756). Este tipo de nave, cruce entre fragata y galera, reemplazaría definitivamente a esta última en el Mediterráneo desde mediados del siglo XVIII, adoptando sus funciones en la lucha contra el corso berberisco y en el respaldo a toda clase de operaciones anfibias.

nuevos se reclutaron de tropa del Ejército ya establecida; en este caso, de los regimientos de Cataluña y Valencia.

Al tiempo que se aumentaba el número de batallones, se incrementaba el total de efectivos de cada compañía. Se tomó esta medida porque existía la costumbre de que las plazas de soldados no estuvieran realmente cubiertas. Con frecuencia, los inspectores de los cuerpos, tanto en el Ejército como en la Marina, denunciaban que las compañías tenían muchos menos soldados presentes de los que debían estar. Los oficiales alegaban infinidad de excusas para justificar estas ausencias: enfermedad, comisión en servicios de reclutamiento, deserción o incluso fraude intencionado de los oficiales para cobrar la asignación de los ausentes. Esta realidad, que era especialmente grave en el Ejército, podía ser catastrófica para un buque, cuya operatividad dependía de que toda la tripulación y guarnición estuviese presente. Por ello, se aumentaron los controles e inspecciones de los batallones y se compensó cualquier ausencia incrementando el número de efectivos, de 100 a 119 hombres.

Había otra razón igual de importante para incrementar el número de soldados en las compañías de Infantería de Marina y eran las bajas por enfermedad. Una Real Armada que operaba a nivel global tuvo que enfrentarse al incremento y duración de los viajes. Los infantes debían soportar navegaciones cada vez más largas y tiempos de embarque considerablemente mayores. El resultado era un mayor deterioro de la salud y el incremento de las enfermedades, lo que se traducía en bajas del servicio más frecuentes. De tal manera que aumentar el número de efectivos por compañía contribuía también a paliar el impacto que los prolongados embarques conllevaban en la salud de los infantes.

Esta dinámica de expansión de batallones y de aumento de efectivo en cada compañía se mantuvo durante el resto del siglo XVIII. En 1776 se volvió a incrementar el número de infantes por compañía de 119 a 168, y todavía siguió aumentando en los años siguientes hasta superar los 172 hombres. Lo mismo ocurrió con el número de batallones, y se añadieron otros cuatro, con lo que se alcanzó un total de doce. Para finales de siglo XVIII, la fuerza total de la Infantería de Marina llegó a los 12 500 hombres, lo que suponía que se había multiplicado por veinte a lo largo de todo el periodo.

Reclutar infantes de Marina

La fuerte expansión del Cuerpo de Batallones de Marina originó el problema del reclutamiento, que se convirtió en la mayor dificultad a la que se enfrentaron las autoridades navales. La gravedad del asunto procedía de la escasez general que padecían las Fuerzas Armadas españolas. Con una población que no superaba los diez millones de personas en España, la mitad de la población de Francia, las posibilidades de alistar reclutas estaban seriamente limitadas. Los intentos de crear sistemas que garantizasen la leva de jóvenes no funcionaron. El sorteo de quintas en el Ejército fue un rotundo fracaso y la implantación del sistema de matrícula en las poblaciones costeras no aseguraba el reemplazo de los marineros que se necesitaban.

Pese a la creciente necesidad de aumentar el efectivo de los batallones, las autoridades navales no impusieron a la escasa población española sistemas de recluta obligatorios para alistar infantes de Marina. Se optó por trasvasar soldados de otros regimientos del Ejército y mantener durante todo el siglo XVIII métodos de leva voluntaria que aseguraran el reemplazo de la tropa.

Con cada creación de nuevos batallones se recurría a la movilización de soldados. Compañías enteras y voluntarios de algunos regimientos del Ejército, entre los que se incluían oficiales, pasaban a los batallones y quedaban bajo la jurisdicción naval. En algunos momentos de gran necesidad, como ocurrió antes de la guerra contra Gran Bretaña en 1776, cuando se añadieron cuatro batallones nuevos, tuvieron que incorporar de golpe a más de dos mil quinientos soldados, que, en este caso, procedieron de los regimientos Valladolid y Princesa. Se podría pensar que no era un buen negocio desmontar una unidad para crear otra, aunque fuese solo una parte, pero la urgencia de que los buques pudiesen salir a navegar con sus tripulaciones y guarniciones completas justificaba esta práctica. La celeridad de esta forma de reclutamiento se imponía ante cualquier consideración, incluso la económica. Como veremos, el coste del mantenimiento de un infante era muy superior al de un soldado. Pese a todo esto, la preferencia de las autoridades era siempre la de reclutar tropa veterana del Ejército para convertirla en infantes de Marina.

Al reclutamiento para nuevos batallones se unía la constante necesidad de reemplazar a los infantes que se iban dando de baja del servicio por enfermedad, invalidez, retiro o deserción. Para cubrir la disminución ordinaria de infantes, las autoridades navales fueron autorizadas por el gobierno para desarrollar constan-

Soldado de Infantería de Marina ataviado con el uniforme reglamentario de 1797, según el Estado Militar contemporáneo, por entero azul marino, a excepción de las bocamangas rojas y correajes de ante blanco. Lámina conservada entre las colecciones digitales de la Biblioteca Pública de Nueva York. © NEW YORK PUBLIC LIBRARY DIGITAL COLLECTIONS

Perfil de un navío de línea español de dos puentes, de mediados del siglo XVIII, completamente aparejado y armado según los estándares del periodo, contenido en el *Diccionario demostrativo, con la configuración o anatomía de toda la architectura naval moderna* (1719-1756) del marqués de la Victoria, el cual permite hacerse una idea de la complejidad del sistema de cordajes y aparejos del velamen y mastelero de este tipo de naves, pináculo de la tecnología de la época. En mitad y en lo alto de este intrincado universo, las cofas –plataformas situadas en los palos de la nave– constituían puestos de tiro privilegiados para los infantes de Marina, desde los que dar caza a oficiales enemigos y otros objetivos clave. © Biblioteca Virtual de Defensa

tes campañas de reclutamiento por toda España y los territorios de la Monarquía Hispánica. No siempre se trataba de campañas organizadas, ya que, en ocasiones, como solía ocurrir en América o Filipinas, una imprevista reducción del número de infantes de guarnición en un buque o una escuadra obligaba al comandante a permitir a las compañías de Infantería de Marina que realizasen tareas de reclutamiento en los puertos donde se recalaba.

Lo habitual era organizar campañas de alistamiento voluntario de infantes de Marina. Desde la creación de los batallones, se había expresado en sus ordenanzas que los infantes fuesen reclutados entre voluntarios, y que los reclutadores excluyesen a los forzados, ya fuesen vagos o sentenciados por la justicia. Para las autoridades de Marina, la condición de leva voluntaria era el medio de fomentar una auténtica carrera militar entre los infantes de Marina, y en las sucesivas órdenes a lo largo del siglo XVIII siguieron cuidando y priorizando a los voluntarios.

La gestión del reclutamiento voluntario de infantes de Marina la llevaban a cabo los propios batallones, que tenían el privilegio de establecer partidas de recluta y cajas de alistamiento en la España peninsular o en cualquier territorio de la Monarquía Hispánica. Cuando había necesidad de reemplazar a infantes, se intensificaba la actividad de esas partidas de recluta o se ampliaba el número de cajas. Había cajas de reclutamiento permanentes en las capitales de los Departamentos Marítimos, y también en Madrid. Allí se planteó el problema de competencias territorial de cada Departamento Marítimo, en especial entre el de Cartagena y El Ferrol. Inicialmente, se asignó al de Cartagena, y, al final, se decidió que rotase entre los tres existentes cada tres años.

Junto a las cajas de recluta permanente había un número mayor de cajas temporales, que establecían las partidas de reclutamiento. Los comandantes de cada batallón organizaban una partida, que se desplazaba con un pasaporte por el territorio, estableciendo banderas de recluta allí donde se consideraba que había posibilidades de alistar nuevos infantes. La composición de estas partidas era desigual según la urgencia y el tiempo de duración de la comisión, pero solía estar formada por un oficial, varios sargentos y cabos, y una decena de soldados. El pasaporte era importante para exigir de las justicias locales los apoyos necesarios a la partida de recluta, tanto en el tránsito por sus territorios como para facilitarles alojamiento y suministros. Una vez establecida la bandera de recluta, la partida organizaba un acto para animar a los interesados con las promesas de paga, prestaciones y privilegios del servicio al rey. Una de las ventajas más atractivas era que, en el momento de su alistamiento, el nuevo infante recibía un salario extraordinario en metálico de tres pagas adelantadas, unos 150 reales de vellón. El acto de reclutamiento finalizaba con la jura del nuevo infante, y ante el oficial de la partida de recluta, de la bandera y de fidelidad al rey, patria y familia. Desde ese momento y en su traslado a las bases navales ya eran considerados y atendidos como infantes de Marina.

El incremento continuo de la demanda de infantes durante el siglo XVIII llevó a reducir los motivos de exclusión para aceptar voluntarios. Así, disminuyó la edad mínima para ingresar en los batallones, de dieciocho años a quince, al tiempo que se aceptaba excepcionalmente a voluntarios que tuviesen más de cuarenta y cinco años. Del mismo modo, se eliminó el límite de altura exigida al infante

voluntario, establecida en 1,44 m, lo que era algo superior a la consentida en el Ejército. En sus sucesivas rebajas, se llegó a aceptar a finales de siglo a infantes voluntarios con diez centímetros menos. Para medirlos con exactitud, la Marina contaba desde la década de 1730 con barras de hierro iguales, que se entregaban en los arsenales a las partidas de recluta, una homologación que el Ejército no estableció hasta cuarenta años después.

Pese a la creciente flexibilidad en el reclutamiento de infantes de Marina, la leva voluntaria seguía siendo insuficiente, por lo que se recurrió a facilitar los reenganches de los infantes en servicio. El periodo inicial de alistamiento era de cinco años, y una vez acabado era licenciado y recibía dos pagas extras. El tiempo de servicio no se modificó, pues se consideraba un privilegio que fuese menor que los ocho años en el Ejército, pero sí las condiciones cada vez más favorables para reengancharse. Con cada nuevo periodo de alistamiento de cinco años acumulados, el infante recibía un incremento sustancioso en el salario mensual o, si lo prefería, una paga extra importante, de 800 reales. Por la misma razón se rebajó el mínimo de años de servicio a veinticinco para tener derecho a recibir una pensión; un privilegio especialmente valioso en aquella sociedad, y más cuando no era incompatible con el desempeño de otro empleo.

Durante el último tercio del siglo XVIII la imparable demanda de infantes de Marina exigió recurrir a otros métodos de reclutamiento. El principal fue aceptar, en contra del criterio de los fundadores de los batallones, a reclutas forzosos. En las Fuerzas Armadas españolas existía la posibilidad de incorporar como soldados a individuos que habían perdido sus derechos civiles y habían sido condenados por la justicia. Los sentenciados por multitud de razones y los reos acusados de vagabundos eran retirados de la vida civil. Los penalizados quedaban a disposición de las autoridades militares y gubernamentales para realizar trabajos en obras públicas, fábricas o incorporados en el servicio militar. La Armada recibió durante todo el siglo a estos "forzados", entre los que se incluía también a esclavos, para realizar tareas específicas en los arsenales, sus fábricas, diques o almacenes, así como dotación en las galeras. En contraposición con el destinado al Ejército, este colectivo de "forzados" fue siempre muy inferior en la Marina y casi insignificante en comparación con el empleado por la Real Armada en la maestranza de arsenales.

Las autoridades navales no eran partidarias de aceptar esta fuente de reclutamiento para nutrir las filas de los infantes de Marina, pero se vieron obligadas a hacerlo durante el último tercio del siglo XVIII. Los soldados convictos pasaron a ser una nueva realidad en la convivencia con el resto de los infantes voluntarios, lo que no dejó de afectar a la calidad del servicio. No obstante, hubo una cierta preferencia por aceptar a vagos frente a presidiarios, excluir totalmente a los esclavos y permitir cada vez más la entrada de los soldados forzados procedentes de las quintas del Ejército.

Ni siquiera con estas medidas extremas se resolvió la demanda de infantes de Marina. Entonces no hubo más remedio que ampliar aún más la base de reclutamiento. Terminaron aceptando a los desertores de los batallones, una cuestión que estaba expresamente prohibida, y se llegó a aceptar incluso a los desertores procedentes de otros cuerpos y hasta de las mismas unidades de infantería de Marina de las que habían desertado. Del mismo modo, se aceptó a reclutas extranjeros. Esta era una forma habitual de recluta de marineros, pero no en la Infantería de Marina, cuyas compañías debían estar compuestas en exclusiva por súbditos de la Monarquía Hispánica. Esta condición también se modificó durante la segunda mitad del siglo XVIII. Las autoridades de Marina aceptaron un número restringido de extranjeros y, de manera temporal, a mediados de siglo se estableció en doce la cantidad de plazas habilitadas para ellos en cada compañía. Por la misma dinámica, esta cantidad se fue ampliando y, desde 1776, se fijó el máximo por compañía en veinticinco extranjeros. La procedencia de estos infantes de Marina que no eran súbditos de la Monarquía Hispánica era de países católicos y vinculados a la dinastía Borbón, como Francia, Nápoles o Sicilia.

El reclutamiento fue, por tanto, el principal talón de Aquiles del Cuerpo de Batallones, como también lo fue en el resto de la Real Armada. La rápida expansión de la necesidad de infantes de Marina terminó desvirtuando los principios con los que se habían fundado los batallones: soldados voluntarios, españoles, con plenos derechos civiles y privilegiados. No obstante, el Cuerpo de Batallones logró mantener una notable diferencia con respecto al resto de los soldados del Ejército. Eran soldados embarcados, pero claramente fuerzas especiales.

Soldados distinguidos

La Real Armada consideró a los Batallones de Infantería de Marina esenciales para su capacidad operativa, motivo por el que los distinguió. En la sociedad que formaba la Marina, el uniforme era el medio principal para reforzar la jerarquía

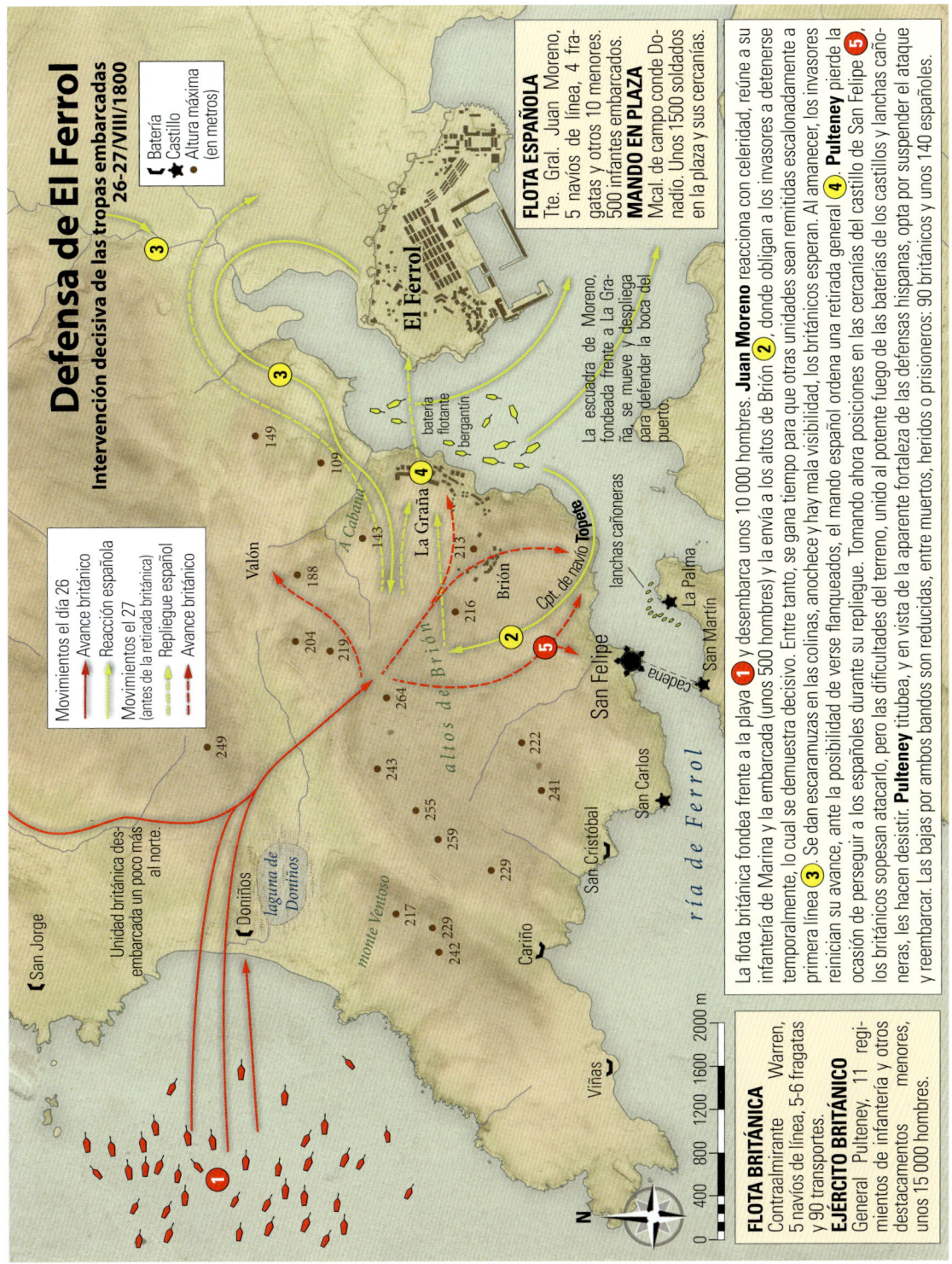

y el instrumento que marcaba la distinción entre los colectivos que la formaban. Por otra parte, el uniforme no se empleaba exclusivamente durante el servicio a bordo, sino que también se usaba en la vida ordinaria y en las relaciones sociales. Tener el derecho a portar un uniforme era en aquella sociedad un poderoso instrumento de diferenciación social. En consecuencia, a lo largo del siglo XVIII cada uno de los cuerpos que formaban la Real Armada reivindicó un uniforme particular. No obstante, la Real Armada los fue concediendo poco a poco, y para algunos colectivos, como el de los marineros, ni siquiera lo llegó a aceptar. No ocurrió lo mismo con los infantes de Marina a los que se les concedió desde el primer momento el derecho a portar un uniforme propio.

Al tiempo que la Real Armada permitió el uso de un uniforme a oficiales y guardiamarinas, solo lo concedió a otro colectivo: el de los infantes de Marina. Cuando embarcaban, ya no lo hacían con el uniforme de soldado, sino con el de infante de Marina. Desde el principio, se adoptó un traje, colores y distintivos similares a los asignados a los oficiales, y de más calidad que los utilizados por el resto del Ejército. En el uniforme de los infantes de Marina se reproduce la divisa de la Real Armada, que era roja sobre fondo azul. La casaca, chupa y calzón eran de color azul (turquí), con vueltas y medias rojas (grana). Todos los batallones usaban el mismo uniforme excepto el Batallón de Galeras, que tenía los colores invertidos: todo rojo, mientras que las vueltas eran de color azul. Esta composición se mantuvo durante la primera mitad del siglo XVIII. A mediados de siglo, una vez suprimido el Batallón de Galeras, el predominio del color rojo quedó asignado a la Artillería de Marina y el azul quedó exclusivamente para la Infantería de Marina. Como novedad, las medias rojas pasaron a ser blancas y los

Vista de la popa, proa y sección vertical sobre la cuaderna maestra del navío Montañés, de 74 cañones, que permite observar la distribución de las tres baterías del buque.

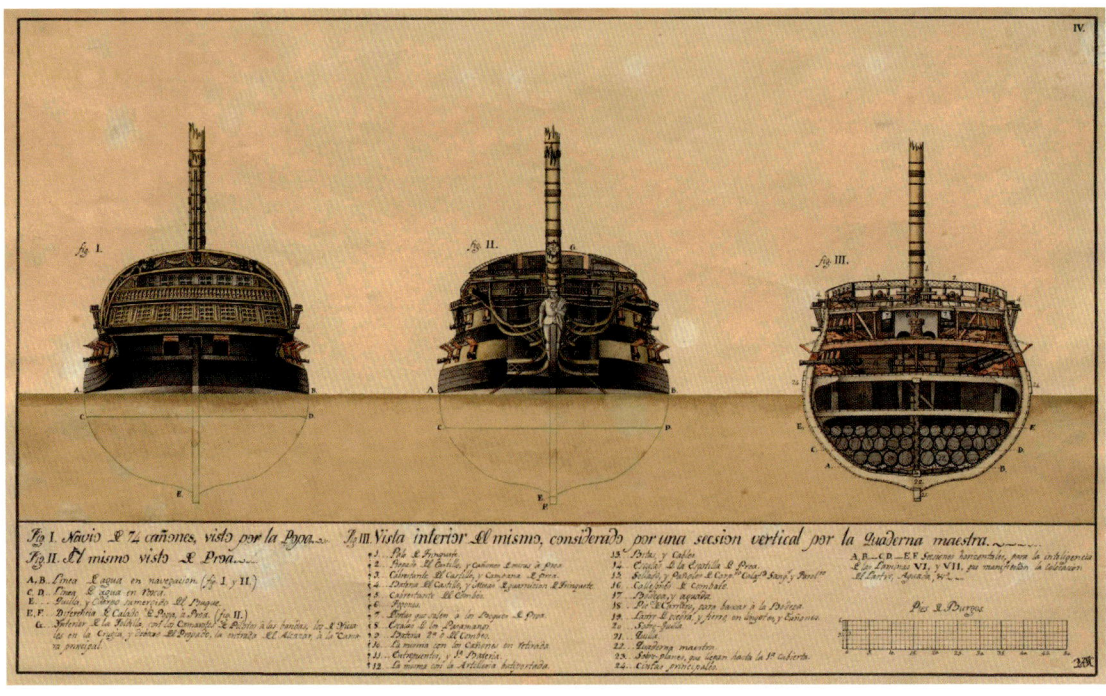

forros azules. Durante el último tercio del siglo, se volvió a los forros y vueltas de color rojo. Todo el uniforme se hacía de paño, pero se cambiaba por otro de lienzo cuando los buques navegaban por climas cálidos, en especial cuando estaban destinados en el Caribe.

La Real Armada les renovaba el uniforme completo cada cuatro años, aunque como el desgaste del traje era muy importante se les entregaban algunas de las prendas cada dos años. Para evitar el deterioro de estas, al infante de Marina se le daba también un uniforme de faena, que era un casacón o sobretodo que se utilizaba para trabajar y o mientras navegaba. Esta prenda se hacía de lienzo crudo y de un color entre azul claro y pardo. Con la misma intención, el sombrero del uniforme, un tricornio de lana negro, era sustituido por un birrete, de dos colores, azul y rojo, y en la banda del frente llevaba las armas reales o las anclas cruzadas, la insignia de la Infantería de Marina.

Todos los miembros de las compañías de batallones portaban este uniforme, excepto los músicos, tambores y pífanos, que para distinguirlos mejor llevaban los colores invertidos, es decir, casaca y chupa roja con vueltas azules. Para identificarlos aún más, algo esencial en el combate, en los bordes del traje se añadía una franja con colores dispuestos en ajedrezado.

La distinción que otorgaba la Real Armada a los infantes de Marina se prolongaba en otros aspectos de la vida cotidiana igualmente esenciales. Uno muy importante era el alojamiento. Del mismo modo que cada colectivo reivindicaba un uniforme particular para mostrar una distinción, se reclamaba un espacio diferenciado de aposento. El principio establecido en los buques era el de reservar la popa para los colectivos más importantes. Conforme a esta regla, los infantes de Marina podían situar sus coyes hacia popa del palo mayor, mientras que los marineros y grumetes debían colgarlos a proa. Los oficiales de los batallones podían, asimismo, disfrutar de un alojamiento diferenciado a popa y en los extremos de los costados.

Este trato diferenciado y distinguido a los infantes de Marina se prolongaba en tierra, pues fue el único colectivo de la Real Armada al que se le permitió disponer de cuarteles propios. Antes incluso de que se difundiera la necesidad de construir cuarteles para el Ejército, la Armada inició un plan de edificación de acuartelamientos para la Infantería de Marina. El primero que se construyó fue el de Cartagena, iniciado en 1750, y marcó el estilo de los que luego se establecerían en El Ferrol y Cádiz. Fueron edificios enormes, muy amplios, capaces de alojar a varios miles de infantes de Marina, así como las dependencias necesarias para su gestión. Estos gigantescos acuartelamientos innovaron también en que permitían las camas individuales y no compartidas, como ocurría con los soldados del Ejército.

La distinción de los infantes de Marina era aún más marcada cuando se compara con los soldados de las fuerzas armadas terrestres. El sueldo de los batallones no se establecía en relación con el escalafón de la infantería del Ejército, sino que se relacionaba con el de Marina. Así, un capitán de Infantería de Marina cobraba más que uno del Ejército porque se le equiparaba a un teniente de navío, y un sargento de batallones cobraba como un alférez de fragata. Las diferencias

Oficial de Infantería de Marina en el apostadero de Manila, uniformado según el estándar del Estado Militar Gráfico de 1789, graduación que podemos distinguir gracias a las charreteras, la gola y los galones que porta sobre el uniforme. Enfrentados a la incesante piratería de la región, las unidades de la Armada allí desplegadas requirieron también de nutridos efectivos armados que protegieran sus instalaciones y navíos, y sirvieran de punta de lanza en los abordajes.
© ARCHIVO GENERAL DE INDIAS DE SEVILLA

The Battle of Trafalgar, óleo sobre lienzo de John Christian Schetky, que muestra el enfrentamiento cercano entre los navíos británicos, españoles y franceses, el 21 de octubre de 1805. Era en este tipo de combate a "toca penoles" donde los infantes de Marina y tropas embarcadas de toda clase se destacaban mediante el empleo de fusilería a corta distancia, granadas y otras armas, en apoyo del devastador fuego de artillería de variado calibre casi a quemarropa.

con la infantería de tierra eran aún mayores porque la manutención, que tanto en Marina como en el Ejército corrían a cargo de la Real Hacienda, era mucho más cara en la Armada. Mientras que la ración de víveres de un soldado del Ejército no superaba los siete productos, en la ración "de Armada" podía disfrutar de un mínimo de veintitrés ingredientes. Si la distinción era un reflejo de la importancia concedida por la Marina a su infantería, el Cuerpo de Batallones fue, claramente, un colectivo privilegiado.

La fuerza esencial de la Real Armada

La infantería de Marina se fue constituyendo a lo largo del siglo XVIII en una fuerza esencial para el desarrollo y expansión institucional de la Real Armada, e incluso superó las expectativas fundacionales. Si en un primer momento se consideraba suficiente atender las funciones de guarnición de los buques y proyectar la fuerza naval en ataques anfibios, conforme la Real Armada se fue dotando de más instalaciones y asumiendo más cometidos y servicios se incrementó también la participación y funciones de la Infantería de Marina en los mismos.

Las navegaciones ordinarias cada vez más prolongadas en distancia y tiempo plantearon el creciente problema de la autoridad en los buques. Los oficiales del Cuerpo General de la Armada podían tener dificultades para hacer cumplir unas órdenes a la tripulación, pero encontraron en la Infantería de Marina un eficaz instrumento para imponer la disciplina. Los infantes fueron asumiendo así las tareas de policía del buque: control del orden público dentro de la embarcación, supervisión del tránsito de individuos, vigilancia de elementos esenciales como víveres, pertrechos, santabárbara o luces, etc. Durante la navegación, las ordenanzas no eran suficientes para imponer la autoridad y la Infantería de Marina resultaba el medio más eficaz de sostener la voluntad del comandante.

La función policial de los batallones cobró también más importancia en tierra, conforme la Real Armada se fue dotando de instalaciones permanentes y servicios. Su empleo fue esencial para proteger los arsenales y astilleros desplegados por toda la Monarquía Hispánica. La enorme concentración humana en estos centros, que superaba los miles de trabajadores, unida a la importancia y valor de los pertrechos y suministros que se depositaban, exigió una intensa actividad de control interno del orden público en estas instalaciones de la Armada. Su utilidad se extendió para la vigilancia de hospitales, prisiones o puertos.

Del mismo modo, la Infantería de Marina era la fuerza móvil con la que la Real Armada podía ejercer sus cometidos más allá de sus propias instalaciones. La participación directa de la Real Armada en la provisión y producción de pertrechos multiplicó el número de comisiones de oficiales y miembros de la Marina en tierra. Los infantes de Marina debían acompañar estos desplazamientos, así como guardar las instalaciones donde se producían o almacenaban los suministros. Su labor móvil se extendía a las partidas de la recluta de nuevos infantes de Marina o a la persecución de los desertores de la Armada.

Junto a la labor policial, la infantería de Marina incrementó su función como fuerza de choque. Aunque los combates navales eran esencialmente duelos artilleros a distancia, la evolución táctica naval del combate en líneas a las acciones envolventes y de penetración de la formación enemiga, hizo que aumentase la lucha a corta distancia, donde la lid requería de una mayor implicación de la guarnición del buque. Por consiguiente, conforme avanzó el siglo XVIII, la Infantería de Marina tuvo que incrementar su participación en los combates navales. Las refriegas muy próximas entre buques "a toca penoles" requerían de una fuerza entrenada para sostener el fuego. En estos enfrentamientos tan próximos su acción coordinada como fuerza de choque desde la toldilla, cofas, batayolas o portas era, al final, el arma decisiva. En esta fuerza de choque desempeñaban una labor especialmente importante los granaderos, que eran infantes seleccionados entre los más fuertes y altos, y con especial habilidad para utilizar armas arrojadizas, como granadas, frascos o camisas de fuego.

Durante la navegación, la Infantería de Marina era movilizada para realizar una variedad de actividades que requerían fuerza física, como el servicio de baterías, el manejo de cabrestantes, bombas o anclas. Sin embargo, de manera ordinaria, garantizaba la aplicación de la autoridad; en los combates, era el arma imprescindible para sostener la disciplina de fuego y, en tierra, constituía la fuerza esencial para salvaguardar la operativa de la Real Armada. ■

3

Vivir, morir y matar en las naves del rey

José María Blanco Núñez

La primera Infantería de Marina del mundo, la española, que tiene una anti-güedad datada el 27 de febrero de 1537 por haber heredado la de las Com-pañías Viejas de la Mar de Nápoles –a través del Regimiento de Infantería de la Corona–, basa su especialidad, fundamentalmente marinera, en la disposición tomada por Felipe II, el 27 de febrero de 1566, cuando, como lección aprendida del Socorro a Malta, ordenó crear tres tercios para ser embarcados: el de las Galeras de Sicilia, el Nuevo de Nápoles –que integró las viejas compañías y tomó su antigüe-dad– y el de la Armada del Mar Océano.

Faltaban entonces cinco años para llegar a "la más alta ocasión que vieron los siglos", en la que las armadas contendientes, la cristiana y la otomana, estaban compuestas en su mayoría por galeras. De la vida a bordo de estas naves basta con decir que "la vida de la Galera déla Dios a quien la quiera", ampliamente explicada por el reverendísimo obispo de Mondoñedo, Antonio de Guevara, predicador, cronista y miembro del Consejo del emperador Carlos V, quien publicó en 1539 *El arte del marear*, obra en la cual vierte todo lo por él aprendido a bordo de tan penosas embarcaciones, en las cuales tuvo que desplazarse varias veces por aguas mediterráneas, y de las cuales llegó a decirse que "se olían antes que se veían". Fernández Duro, que transcribió, en el volumen II de sus *Disquisiciones náuticas* (Madrid, 1877), la parte de esa obra titulada *Libro de los inventores del arte de marear y de sesenta trabajos que ay en las galeras*, afirmó sobre la misma que es "[…] Obra digna de saber y graciosa de leer […] la sátira con que narra los muchos y muy grandes privilegios que tienen las galeras, no es siempre adecuada ni menos justa, pero abunda […] en noticias que darán mucha luz acerca de la verdadera vida de las galeras, con los usos y costumbres de sus tripulantes. […]".

Tras la llegada a América, las galeras –que pervivieron hasta mediados del si-glo XVIII, tras haberse lucido en las Azores al mando de Álvaro de Bazán e incluso en Flandes–, las carabelas y las naos, dieron paso al galeón, un navío que en muchas ocasiones iba también guarnecido con tropas de infantería, y que fue responsable de llevar y traer todo del Nuevo Mundo.

Vivir

El nuevo siglo trajo una nueva dinastía y una nueva clase de *capital ship*. Así, el galeón fue reemplazado por el navío y se produjo la definitiva diferenciación entre buque mercante y de guerra, pues el galeón servía para todo y, según las circuns-tancias, iba más o menos armado. El navío "de línea" –por combatir en línea de fila desde finales del siglo XVII– se especializó en el combate por los costados, dos bandas erizadas de cañones, con dotaciones enormes, debido a la necesidad de fuerza humana para mover el aparejo y para manejar dichos cañones (hasta doce hombres por cañón, según el calibre).

En América se descubrió un útil muy práctico para la mar, la hamaca, que en nuestro idioma bautizamos coy –tomado del flamenco *kooi* o "cama de a bordo"– que se impuso definitivamente en este siglo y duró hasta mediados del XX. "La gente" tenía que colgarlos en las chazas (espacio que media entre cada dos portas de una batería) e incluso sobre los mismos cañones; durante el día, recién afe-

Abordado durante la **BATALLA DEL CABO DE SAN VICENTE (1797)** por el HMS Captain –al mando del entonces todavía ca-pitán Horatio Nelson–, la tripulación del San Ni-colás se dispuso a defen-der su navío de ochenta cañones. Al aproximarse un oficial británico a la toldilla, con intención de arriar la bandera y dar así la nave por rendida, le dio el alto **EL GRANA-DERO MARTÍN ÁLVAREZ GALÁN**, de la **3.ª COMPA-ÑÍA** del **9.º BATALLÓN DE MARINA**. Al ver que su adversario hacía caso omiso de la advertencia y continuaba avanzando, se enfrentó a él hasta atrave-sarle con el sable con tanto ahínco que el arma –y su víctima– quedó cla-vada contra el mamparo de un camarote. En des-ventaja, Álvarez acabó he-rido en la cabeza por los asaltantes británicos que acudieron rápidamente a la posición, antes de poder zafarse de los mis-mos saltando ágilmente al vecino alcázar del navío.
© José Luis García Morán

Sección longitudinal de los planos del navío Montañés, de 74 cañones, botado el 14 de mayo de 1794. Pueden observarse, entre otros detalles, las dos baterías principales de la nave, la disposición de las bodegas y, en la popa, las dependencias de los oficiales, único personal que contaba con camarotes propios; el resto de la tripulación, infantes de Marina incluidos, debía pernoctar hacinado bajo cubierta en sendas hamacas conocidas como *coys*.
© BIBLIOTECA VIRTUAL DE DEFENSA

rrados (es decir envuelta la colchoneta en la lona de la hamaca y formando una especie de salchichón amarrado con un cabo) se ponían en las batayolas, sobre las regalas, para servir de parapeto en combate, y contra los rociones de la mar o la lluvia, razón por la que solían proporcionar una cama húmeda y malsana. La oficialidad, a su vez, empezó a disfrutar de unos muy espartanos camarotes formados por tablones en los entrepuentes del alcázar, que a veces había que desmantelar en caso de combate.

Las mesas y los bancos para la comida también se estibaban en las baterías, pegados a la cubierta que servía de techo. Por eso a la acción de despejar todo para combatir se la denominaba "zafar el rancho", y de ahí la expresión actual "zafarrancho de combate". Un rancho lo formaban los tripulantes que compartían mesa y el encargado de ir a la cocina a por la comida, con la correspondiente gaveta, y de su reparto se le denominaba "cabo rancho". A las horas reglamentarias de los almuerzos se ordenaba: "armar mesas y repartir el rancho" y, como se armaban en las chazas, estas se convirtieron en sinónimo de "ranchos".

Los beques o jardines –así denominados por las plantas aromáticas que se colocaban en ellos–, es decir, las letrinas, seguían en la proa para las dotaciones, y en las galerías de popa para los oficiales, presentando los de proa, casi como en las galeras, muy poco recato de la vista de los demás.

A estos efectos la tropa de los Batallones, después de Infantería de Marina, vivía como la marinería, aunque, normalmente en "ranchos aparte": "[…] sus rancheros serán de la propia tropa, en cuyos ranchos no ha de tolerarse hombre de Mar […]", según las Ordenanzas de 1748 V.I.XXXVIII, o según la misma ordenanza, pero V.I.XXXIII:

[…] también se dejará al arbitrio del Capitán de la Compañía […] la división de su Tropa en Ranchos, los quales formará, según hallare más conveniente; pondrá en cada uno un cabo de escuadra, y distribuirá la inspección de todos ellos entre los Sargentos, quienes cuidarán de la fiel observancia de las reglas de Policía (orden y limpieza), y buen gobierno, dadas por el Comandante del Vaxel, á las quales estará enteramente sujeta la tropa.

El nacimiento de la Real Armada borbónica en 1717 arrancó con la creación en Cádiz de la Real Compañía de Guardias Marinas, la del Cuerpo de Oficiales de Guerra de la Real Armada –más tarde Cuerpo General de la Armada– y el del Ministerio. También se crearon otros dos cuerpos para guarnición –desde 1700, los navíos de S. M. estaban guarnecidos por tropas de Regimientos de los Reales Exércitos– de buques y arsenales, el de Batallones y el de Brigadas de Artillería; este último ha sufrido muchos cambios hasta el día de hoy: Cuerpo de Ingenieros, diplomados en Ingeniería de Armas Navales.

Este mismo siglo vivió la publicación de tres ordenanzas principales, algunas ya citadas (en 1717 por Felipe V; en 1748 por Fernando VI y en 1793 por Carlos IV) y otras específicas para los diversos cuerpos que se fueron añadiendo (cirujanos, ingenieros, etc.) y para sus dependencias principales (arsenales, hospitales, etc.). Los oficiales del Cuerpo de Guerra podían servir en el Cuerpo de Batallones, o en las Brigadas de Artillería, o estar embarcados para formar las planas mayores de

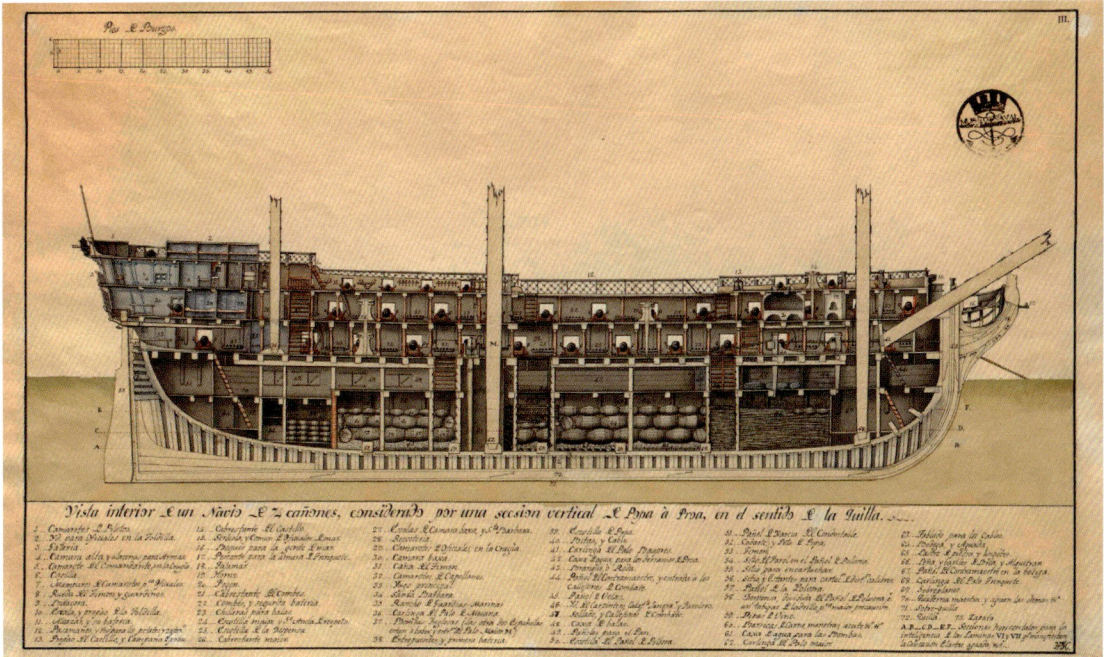

los buques y mayorías (estados mayores), pero eran destinos de ida y vuelta, se podía pasar de unos a otros sin problema alguno, como también podían pasar de los Reales Exércitos a la Real Armada, y viceversa, mediante instancia al rey, caso del que podríamos poner decenas de ejemplos.

Las ordenanzas contemplaban todos los aspectos de la vida a bordo: formación y régimen de las guardias de mar y de puerto, plan de combate, lugar donde debían ser alojados: "Los Comisarios Ordenadores de Marina, (*sic.*) serán alojados inmediatamente después del Comandante, con preferencia a todos los otros oficiales [...]" (1717); o cómo tenían que ser racionados: "El comandante tendrá obligación de encargarse de la mesa [...]" (1793) y "[...] Mientras los baxeles estuvieren a la vela, se servirá una sopa, cocido y dos platos de cocina con los postres ordinarios de la comida y también solo dos platos calientes a la cena, como conviene á precaver el riesgo de incendios en el servicio de fogones [...]" (1793). Esta gratificación de mesa, que se libraba en metálico al comandante o a los almirantes (por entonces generales de Marina) con insignia a bordo, creó graves problemas pues algunos mandos desaprensivos "ahorraban en la comida" para guardarse el dinero, razón por la que se suprimió en el siglo XIX.

Para los que no se sentaban a la mesa del comandante, estaba el rancho –esta vez en su acepción de comida servida a bordo–, cuya composición estaba también reglamentada, como recoge la Ordenanza de 1717, XX:

[...] De la forma que han de suministrar, y distribuir las Raciones de Bastimentos de la Armada en los siete días de la semana, los cuatro de carne, dos de bacalao, y uno de queso, en la forma siguiente: Domingo, lunes, martes

Soldado de Infantería de Marina ataviado con el uniforme y gorra cuartelera de paño pardo con vueltas rojas, prendas reglamentarias para el servicio y trabajo a bordo en 1802. Sostiene en el brazo también un capote del mismo color, destinado a servir de prenda de abrigo y protección frente a las salpicaduras del mar y otras inclemencias de la vida a bordo. © Jesús Campelo Gaínza

y jueves, de Carne: Vizcocho 18 onzas, vino, un cuartillo y medio, tocino, cinco onzas en cada uno de los dos días primeros y ocho onzas de carne salada en cada uno de los días últimos. Menestra de arroz y garbanzos, por mitad dos onzas […] Agua, una azumbre. Leña tajada, libra y media. Sal, un celemín por cada mil raciones […].

Continúa especificando los días de bacalao (35 onzas), miércoles y viernes, y el de queso (6 onzas), sábados, y termina ordenando las cantidades que se darán si en vez de salados y cecinas, se sirviese carne o pescado fresco o pan, en lugar de bizcocho (del italiano *biscotto*, "dos veces cocido").

También están detallados los instrumentos de los cirujanos, barberos, sangradores o sacamuelas, según los tiempos, o las medicinas de la caja del boticario. A la Real Armada se le debe, asimismo, la creación en Cádiz de la primera Escuela de Cirugía y, sobre todo, haber elevado a los cirujanos a la clase de "médicos latinos" (porque estudiaban la carrera en latín), haberles dado uniforme y concederles el uso de la espada; ya que, antes de todo esto, los cirujanos eran poco más que sangradores y sacamuelas.

Un fraile, el franciscano Francisco de Ajofrín, que viajó a México en 1763 a bordo de la fragata Santa Florentina (apodada La Perla, de veintidós cañones y construida en Guarnizo en 1753), nos da datos interesantes sobre la vida a bordo. Así, describe con pánico a las cucarachas "[…] que suelen abundar en los navíos y que comen y taladran hasta las maderas […]". También recuerda que los oficiales de Marina, por ordenanza, dormían vestidos para estar prontos a cualquier necesidad y solamente se despojaban de la casaca; quizá los ordenancistas lo copiaron del refrán: "No te acuestes desnudo en la mar, porque te peude pesar".

Muerte. Los enemigos del marino y las enfermedades

Es bien conocido que "el marino tiene dos enemigos, uno transitorio, el que le proporciona su gobierno declarando la guerra [actualmente denominadas operaciones de paz] y otro permanente: la mar". Como consideramos casi biunívoca la relación entre matar y morir –aunque el que intenta matar a veces solo provoca heridas de diferentes pronósticos, como bien podría atestiguar el llamado "manco de Lepanto"–, hablaremos primero de las muertes por enfermedad y enseguida caeremos conjuntamente sobre lo de matar –más propiamente, o menos dramático, combatir– y morir en combate. La primera de las enfermedades marineras es el mareo, la segunda el escorbuto, enfermedad marinera por excelencia hasta el último tercio del siglo XIX, seguidas de las tropicales, que se sufrieron en nuestra Marina desde el Descubrimiento hasta el Desastre del 98. El primero, cuando es cinetosis aguda, hace renegar de la mar a muchos, como narraba el mencionado obispo Guevara:

[…] se te desmaya el corazón, desvanece la cabeza, se te revuelve el estómago, se te quita la vista, comienzas á dar arcadas y a revesar lo que has comido; no esperes que los que te estén mirando te tendrán la cabeza, sino que todos muy muertos de risa te dirán que no es nada, sino que te prueba la mar, estando tú para espirar y aún para desesperar.

Y lo confirmó también fray Francisco de Ajofrín, describiendo el terrible mareo que sufrió en el golfo de las Damas –espacio del océano Atlántico que va desde las Canarias hasta las islas de Barlovento– y que le tuvo postrado casi todo el viaje.

El Mal de Luanda, el terrible escorbuto, bautizado así por los portugueses que, en su carrera a la India, solían comenzar a padecerlo a partir de la latitud de dicha capital angoleña y que culpaban de tal mal a los "aires pútridos e insanos", a la par que lucharon con ahínco para combatirlo, como nos explica António Ribeiro Sanches en su famoso *Tratado da conservação da Saúde dos Povos*. El más que ilustrado teniente general de la Real Armada Antonio de Ulloa, compañero de Jorge Juan en la medición del meridiano (1735-1745), recomendaba a sus hijos (1795), para prevenirlo: "[…] el uso diario de punche [ponche preparado con aguardiente de vino de palma, azúcar, limón, agua y té] caliente por las noches y la precaución de rociar de vinagre y perfumar [seguía creyendo que era causado por el aire] el camarote todos los días a la mañana y noche […]". Mucho antes, fray Agustín Farfán (1579) había publicado un *Tratado breve de anatomía y cirugía, y de algunas enfermedades* donde recomienda el uso de naranjas y limones para el tratamiento del escorbuto, aunque –una vez más– la fama se la llevó su contemporáneo escocés James Lind, que identificó la causa de la enfermedad y cómo curarla añadiendo cítricos a la dieta. Pero el problema de esas frutas consistía en que comenzaban a pudrirse a los seis o siete días de navegación. El escorbuto, finalmente, no es más que una avitaminosis de la vitamina C; un médico de la Real Armada, precursor de la pasteurización, para conseguir conservar los zumos a bordo, probó a hervirlos, pero la vitamina C se muere al sobrepasar los sesenta grados de temperatura y el mal continuó, tanto que la escuadra Méndez Núñez, tras lo del Callao (1866), tuvo innumerables enfermos por su causa; los que regresaron por Filipinas, se curaron en Tahití, donde la piña tropical y los cítricos, en dos o tres días, les devolvieron la vida.

Juan Sebastián Elcano sufrió la pérdida por escorbuto de muchísimos hombres en la primera circunnavegación del globo, pues ignoraba que, si hubiesen tomado diariamente un clavo, la vitamina C de esa especia, de la que transportaba toneladas, los hubiese mantenido sanos. Él mismo, cuando fue de segundo en la expedición de Loaysa (1525), falleció en alta mar seguramente a causa del escorbuto, aunque otros autores han sostenido que fue debido a la ciguatera, mal causado por la ingesta de ciertos pescados de las barreras coralíferas, que fijan toxinas venenosas para los humanos.

De las tropicales señalaremos que, la más mortífera, la fiebre amarilla o vómito negro, "no embarcaba", es decir que si los marineros no saltaban a tierra no la contraían, pues el *Aedes Aegypti* era un mosquito de agua dulce (de las paludes: lagunas, aguas estancadas), donde crecían también los *Anopheles* –agentes del maldito paludismo o malaria (mal aire) o fiebres tercianas–, pero no de agua salada. Por cierto, aquí encontramos otro caso de intento de apropiación indebida: la identificación de ese mosquito como "vector" de la enfermedad se debió al médico español Carlos Finlay, nacido en Camagüey (Cuba) en 1833. En 1881, presentó su "revolucionario" trabajo sobre el Aedes Aegypti como agente de la fiebre amarilla ante la Academia de Ciencias de La Habana. En 1900, un equipo médico del Ejército de los Estados Unidos en Cuba, dirigido por el coronel médico Walter Reed, demostró que todo lo presentado por Finlay era cierto y los estadounidenses pretendieron, sin éxito, que se concediese el Premio Nobel de 1906 al equipo de Reed.

Otras muertes habituales entre las dotaciones de los buques que llegaban a América, eran el dengue o "fiebre rompehuesos", cuyo vector era el mismo mosquito anterior, y el beriberi, en este caso un conjunto de enfermedades provocado por avitaminosis de la B1, endémicas en regiones alimentadas principalmente gracias al arroz.

Matar y morir. El combate en los navíos de Su Majestad

En el Medievo, y hasta la batalla de La Rochelle (22 de junio de 1372), se utilizaban armas arrojadizas, flechas, dardos, lanzas para combatir en la mar. Pero, en esa señalada batalla, Castilla instaló cañones a bordo de sus naves. Fue al almirante Ambrosio Bocanegra, con doce de ellas (naos y galeras), al que cupo la gloria de abrir fuego para derrotar completamente a una escuadra inglesa de treinta y seis naos mandada por Juan de Hastings, segundo conde de Pembroke, que fue hecho prisionero en la lid.

Desde las galeras, los españoles eran temibles en los abordajes. En la Armada holandesa se publicó una orden (XVI) que especificaba: "Con los españoles no llegar jamás al abordaje porque ganarán". Cuando la Felicísima Armada contra Inglaterra arribó a las costas britanas, los ingleses habían perfeccionado mucho su artillería para, precisamente, tratar de evitarlos. Los abordajes siguieron ejecutándose durante el siglo XVIII.

De La Rochelle hasta Lepanto, el cañón fue imponiéndose en Europa. Las galeras llevaban de tres a cinco a proa (en la corulla bajo la arrumbada: un cañón de crujía de 36 a 48 libras, dos sacres y dos medios cañones), y su alcance era tan corto –el máximo no llegaba a mil metros– que el mejor capitán era aquel que ordenaba "¡fuego!" cuando la roda de su galera iba a besar el costado de la enemiga. Solamente se hacía una descarga por combate, pues no había tiempo para recargarlos. Los galeones, por su parte, iban artillados según lo dispuesto en los reglamentos de la Casa de Contratación sevillana.

Los navíos del siglo XVIII embarcaban cañones de diferentes calibres –entonces el calibre se correlacionaba con el peso de la bala que disparaba, por eso se decía "de a tantas libras"–; en orden a no provocar problemas de estabilidad, los más pesados iban en las baterías bajas. A su servicio podía dedicarse también la tropa de Infantería de Marina embarcada y la marinería, siempre que escasease –que era lo normal– el personal de las Brigadas de Artillería. La artillería de a bordo se componía, evidentemente según el tonelaje del navío, a base de cañones de a 24, 16, 12, 8 y

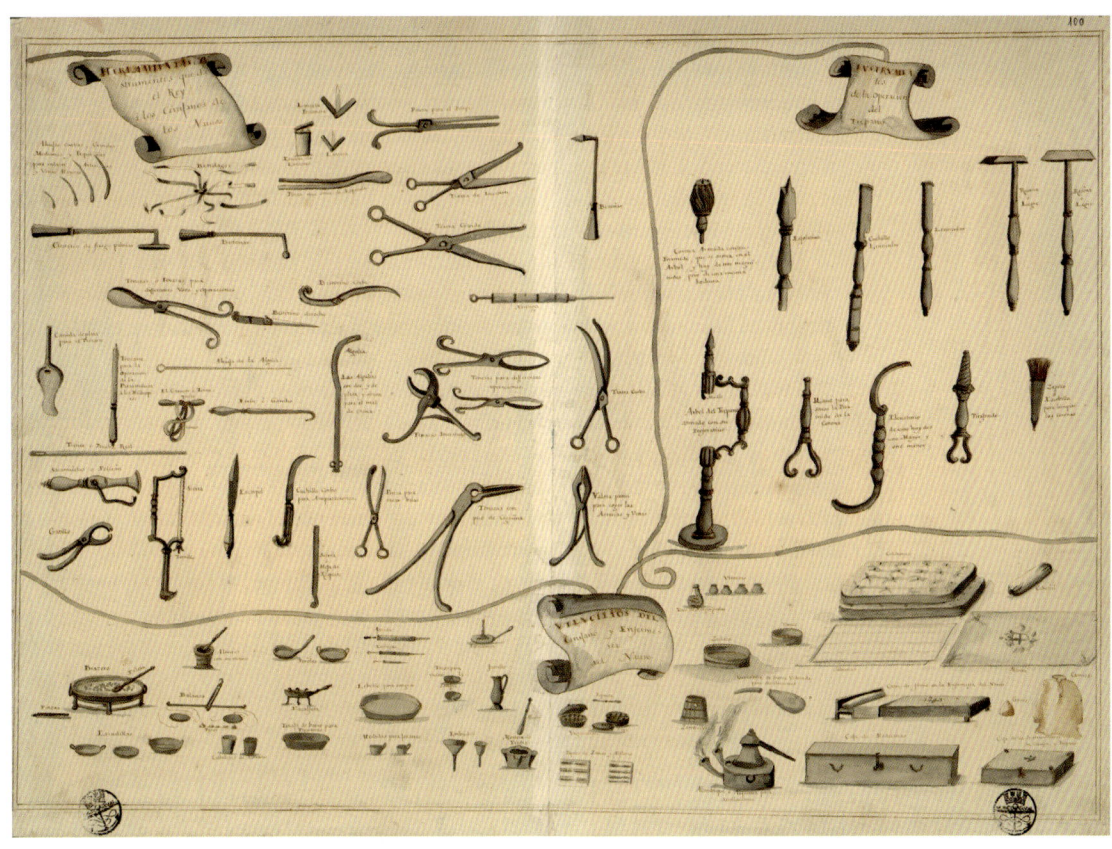

4 libras, morteros de a 12, 9 y 6 libras, pedreros de a 15 libras, y esmeriles (cañones menores que los falconetes), de a 0'625 libras. Para los abordajes –en San Vicente (1797), el entonces capitán Nelson abordó a dos navíos españoles–, se utilizaban también granadas (en cada Batallón de Infantería de Marina había una compañía de granaderos) y frascos de fuego.

El calibre fue aumentando paulatinamente y en la Real Armada se llegó hasta el de 36 (Reglamento de 1765) para sustituir a los de 24, dejando los de 18 y 12 como calibres inferiores. El coloso –que no buen barco– Santísima Trinidad fue dotado de los de 36 en 1796, cuando se le aumentó el porte (número de cañones disponibles), término que, como la artillería era la principal de las armas embarcadas, pasó a ser el utilizado para clasificar a los barcos: así, se consideraban corbetas las naves con hasta veinte cañones de porte, fragatas a los que portaban entre veinte y cincuenta piezas y navíos los superiores a cincuenta cañones).

La fundación escocesa de Mr. Carron fabricó (1779) las mortíferas carrona-das, estrenadas en la batalla de los Santos (12 de abril de 1782), que barrían a todos los hombres sobre cubierta y, sobre todo, a los infantes enemigos. Poco a poco se fueron instalando en todas las marinas europeas. Por esa época nació tam-bién la "bala roja", empleada contra las fuerzas españolas que sitiaron Gibraltar (1779-1783), que consistían en balas esféricas macizas calentadas al rojo vivo, que se introducían por la boca del cañón, precargado de pólvora, cuyo disparo se producía al entrar en contacto bala y explosivo. Esas balas, al empotrarse en el maderamen del navío contrario, provocaban espantosos incendios. Aunque el almirante Córdoba tildó su uso de "delito de lesa humanidad", pronto fueron utilizadas en todas las marinas y plazas fuertes del mundo. Las granadas no empezaron a dispararse, a cañonazos en la mar, hasta el siglo XIX, si bien, antes de ello sí que se hacía mediante bombardas.

Debido a la fragilidad de algunas fundiciones, se solía utilizar la máxima: "Pólvora poca y metralla hasta la boca", para, al igual que las temibles carronadas, "despejar" las cubiertas enemigas de incómodos tiradores adversarios, es decir, de los infantes de Marina.

En el siglo XVIII, el combate entre líneas de navíos, debido a que los alcances seguían siendo limitados, se decidía a "toca penoles", es decir, casi rozando los extremos de las vergas propias con las del enemigo. Lo que producía más heridas y muertes más aterradoras, eran los astillazos de la madera en la que impactaba un proyectil. En los libros de medicina naval de la época, existen láminas con esas terribles heridas, por lo que se procuraba usar en la obra muerta del navío maderas que absorbiesen bien los impactos; el roble era muy bueno, la caoba cubana, por el contrario, era como el cristal y provocaba miles de letales astillazos.

La táctica artillera era muy simple, el jefe de cada pieza era un "cabo cañón", idealmente de las Brigadas de Artillería o, en su defecto, procedente de la marinería o de la Infantería de Marina. Hasta 1800 no se adoptaron las llaves de fuego –prácticamente iguales a las utilizadas en los fusiles– en los cañones de los buques españoles. La puntería era más que rudimentaria, pues el cabo cañón apenas podía ver en el espacio que la pieza de artillería dejaba libre en el hueco de la porta correspondiente. Se podía elevar el cañón, con cuñas de madera, hasta diez grados, lo que permitía regular la altura respecto de la porta en relación con el retroceso. El alcance eficaz era de quinientos metros, de ahí el aludido combate a "toca penoles".

En perfeccionar la artillería y dar precisas instrucciones sobre su manejo, destacó, entre otros, Cosme Damián Churruca, que además de héroe inmortal fue todo un sabio; falleció como consecuencia de un impacto directo de bala que le arrancó una pierna en Trafalgar (1805), sobre el alcázar del San Juan Nepomuceno, navío bajo su mando en la citada batalla.

La infantería, con sus fusiles, procuraba hacer mella en la tripulación contraria: recuerden que Nelson fue abatido por una bala disparada por un tirador apostado en una cofa del Bucentaure, buque insignia del almirante francés Villeneuve, también en Trafalgar. Para ello, combatía según lo dispuesto en estos artículos de las Ordenanzas de 1748 (V.I.):

XXX, En ocasión de Combate será el regular destino de los Soldados, la fusilería, formándose con sus armas en la Toldilla, Alcázar, Passamano, y Castillo de Proa y si fuere menester en las Cofas; El Comandante del Vaxel será arbitro de destinar algunos de ellos al manejo de la Artillería; y para que tengan algún conocimiento de él, asistirán á los exercicios que se hicieren durante la Campaña para habilitar la gente de mar.

El combate en un navío de línea

Despliegue y posiciones de los infantes de Marina para el combate y el orden interno en el navío*

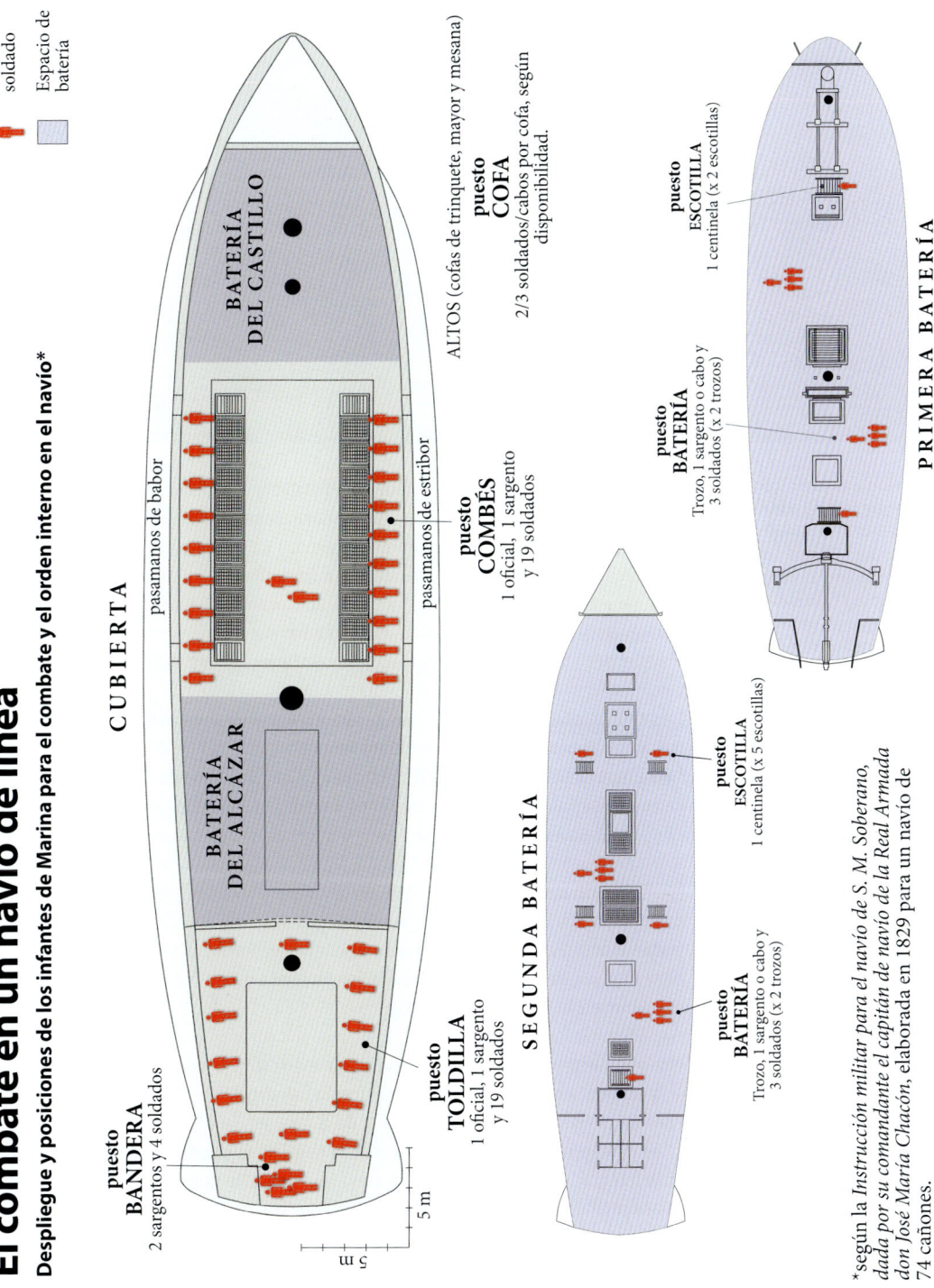

soldado

Espacio de batería

BATERÍA DEL CASTILLO

CUBIERTA

pasamanos de babor

pasamanos de estribor

BATERÍA DEL ALCÁZAR

puesto COMBÉS
1 oficial, 1 sargento y 19 soldados

puesto BANDERA
2 sargentos y 4 soldados

puesto TOLDILLA
1 oficial, 1 sargento y 19 soldados

5 m

ALTOS (cofas de trinquete, mayor y mesana)

puesto COFA
2/3 soldados/cabos por cofa, según disponibilidad.

puesto ESCOTILLA
1 centinela (x 2 escotillas)

puesto BATERÍA
Trozo, 1 sargento o cabo y 3 soldados (x 2 trozos)

PRIMERA BATERÍA

SEGUNDA BATERÍA

puesto ESCOTILLA
1 centinela (x 5 escotillas)

puesto BATERÍA
Trozo, 1 sargento o cabo y 3 soldados (x 2 trozos)

*según la *Instrucción militar para el navío de S. M. Soberano*, dada por su comandante el capitán de navío de la Real Armada don José María Chacón*, elaborada en 1829 para un navío de 74 cañones.

Don Antonio Barceló con su jabeque correo rinde a dos galeotas argelinas, óleo sobre lienzo de Ángel Cortellini Sánchez que, como su título indica, el enfrentamiento entre el jabeque correo de Antonio Barceló contra naves enemigas en 1738, en el curso de labores de transporte de tropas, acción en la que logró rechazar y rendir a ambos asaltantes. Este tipo de combates a pequeña escala eran, con diferencia, la clase de operaciones y encuentros navales más frecuentes en la época, en los cuales las dotaciones de infantes de Marina eran, si cabe, aún más vitales. © MUSEO NAVAL DE MADRID

XXXI, Con la tropa destinada á la fusilería se nombrará también el número de Sargentos que fuere menester para gobernarla en los diversos sitios de su repartición; De los restantes se pondrá uno en cada boca de Escotilla que tuviere de mantenerse abierta, para impedir que la gente de la Tripulación se esconda debaxo de ellas; Y si al Comandante del Vaxel pareciere conveniente darles otro destino, deberán los sargentos sujetarse sin réplica, y velar del exacto cumplimiento de las ordenes que se hubieran dado.

Las Ordenanzas de 1793, que llegarán, en parte y en espíritu, hasta la mitad del siglo XX, presentaron pocas novedades en cuanto al empleo de la Infantería de Marina. Así, su título I del tratado III (Tomo I), *Comandante de Baxel* –obra maestra del entonces capitán de navío Antonio de Escaño, nombrado por José de Mazarredo para ayudarle en esta recopilación de ordenanzas–, dispone en su artículo 109:

[…] Estimulará a la tropa a que se aficione a conocer lo marinero de los trabajos, y á los soldados que se distinguiesen en ellos subiendo á vergas y encapilladuras, y adquiriendo inteligencia de hombres de Mar, los anotará para el goce de gratificaciones que les acuerda el art. 8, Tit. Del servicio de guardias en la Mar, Trat. 5. […].

No encontramos artículo en el que se especifique que al marinero se le formase, a su vez, como soldado. La marinería, siempre escasa, dio lugar a una frase del capitán de fragata Francisco Javier de Salas, en su *Historia de la matrícula de mar*: "la precipitación que necesariamente origina el desorden, no dándose tiempo (cuando los grandes armamentos navales) fue causa de que se vaciasen los presidios por las escotillas mayores de los navíos". Este fue el gran fracaso del siglo XVIII. Se obtuvieron, seguramente, los mejores navíos de guerra del mundo, rayanos en la perfección en ingeniería naval e hidráulica, se construyeron cuatro grandes y modélicos arsenales (El Ferrol, La Carraca, Cartagena y La Habana) pero no pudieron dotarse los 78 navíos existentes en 1793 (más 52 fragatas, 10 corbetas y 436 embarcaciones menores) con marinería sana (la fiebre amarilla la diezmó en los años previos a Trafalgar), fuerte y moralmente bien preparada.

Siguiendo con el mismo tratado, entre los artículos 150 y 153, se definen todas las obligaciones del comandante en combate, y especifica en el 152: "Si resolviera abordar al enemigo […] destinará a su Segundo Capitán u a otro oficial de Guerra, sin ceñirse a antigüedades [es decir, escogiendo al más idóneo] para que pase al bordo contrario con el número de Tropa y Marinería que juzgase á propósito […]".

En el título V del tratado V (Tomo II) *Del plan de combate y prevenciones para este caso*, a lo largo de cincuenta y nueve artículos detalla el lugar donde cada uno ha de combatir, el armamento que debe llevar y, para la tropa, la cual, como el resto de la dotación, entrará en combate después que "[…] el capellán cumpla las obligaciones de su sagrado ministerio, terminando con la absolución […]", dispone (art. L):

[…] La tropa de fusilería [costados, tablas de jarcia y cofas] estará con su armamento completo, y la de puentes [cubiertas] con solo sable y bayoneta; una y otra con chupa y birretina, quando no sea necesaria la casaca para abrigo; y la marinería destinada a fuego de fusil [de lo que ya hemos dicho que no era habitual ni deseado por los mandos] se armará desde el principio con las cacerinas [cartucheras en el cinto o cananas], como no embarazosas á su agilidad para qualquier maniobra […].

En el inmediato siguiente artículo (LI), al igual que en las Ordenanzas de 1748, se indica:

[…] En cada escotilla se proveerá centinela con órdenes terminantes de o que debe observar, y lo propio el Sargento, ó Cabo y Soldados de ronda, cuyo celo ha de ser celar la permanencia de la gente [léase: marinería] en sus puestos, hacer retirar los muertos y heridos, y avisar de incendio ú otro acaso al Comandante, ú otro Oficial o Guardia Marina, que pueda providenciar su remedio […].

Finalmente, en la *Instrucción Marinera y Militar* (V.VI.XV), y en línea con lo comentado más arriba, dispone:

[…] Del Soldado aunque no se ha de exigir habilidad en facciones marineras, si (*sic.*) que sepa lo que es escota, amura, braza, bolina y demás cabos de maniobra de vergas y velas, y donde viene a amarrarse cada uno de ellos en el alcázar y toldilla, que son los sitios regulares de sus trabajos de guardia de mar (y combate) para que acuda con conocimiento y sin confusión a lo que se le mandare hacer y así mismo el modo de situarse sentado o en pie según se dispusiere, para alar con todo silencio y la mayor fuerza posible […].

Más tarde, Antonio de Escaño, en su *Estudio para la reforma de la Marina Militar de España* (1807), recomendaba denominar a la Infantería de Marina "Infan-

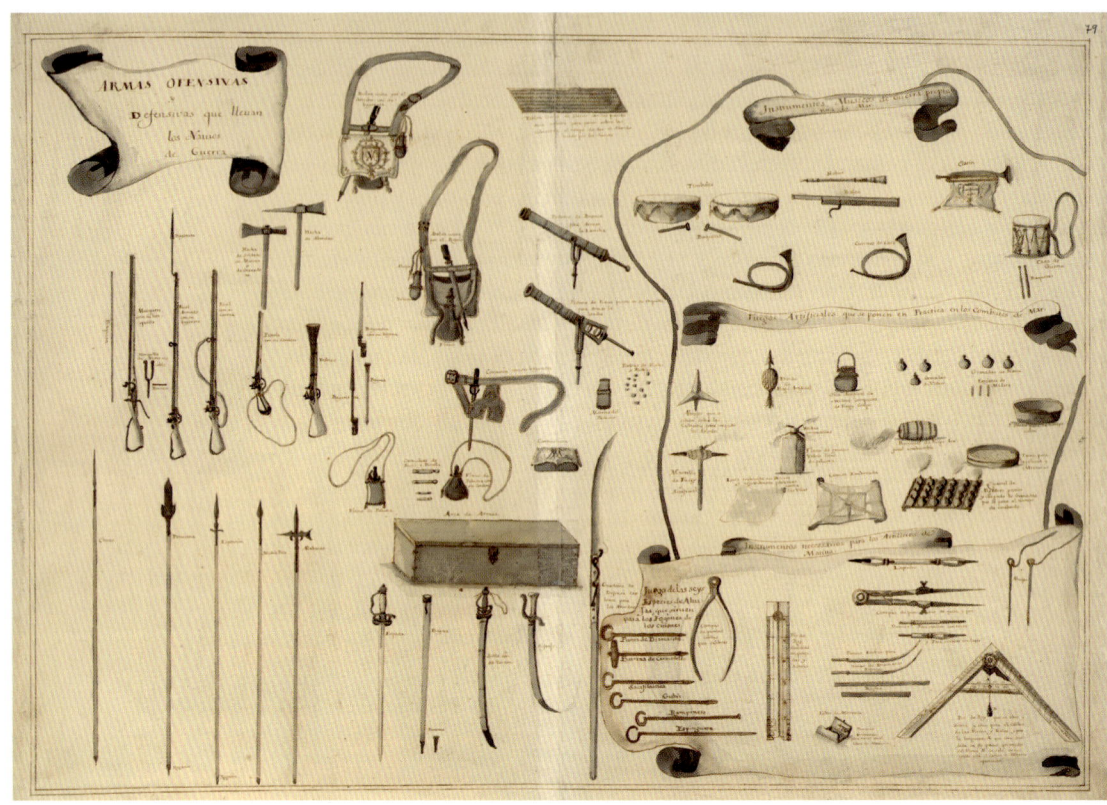

Desglose del armamento ofensivo a disposición de la Infantería de Marina y de las tripulaciones de los navíos de la Real Armada, así como de instrumentos musicales y artilugios empleados por los artilleros, según *Diccionario demostrativo, con la configuración o anatomía de toda la architectura naval moderna* (1719-1756) del marqués de la Victoria. A pesar de las mejoras en alcance y efectividad de la artillería del periodo, los encarnizados combates a "toca penoles" solían degenerar rápidamente en brutales abordajes donde el protagonismo pasaba a las más temibles armas y tácticas cuerpo a cuerpo.

tería de guarnición de los baxeles de guerra"; al respecto, visité en Lille, (Francia) en 2002, *Le régiment d'infanterie Royal des Vaisseaux, 1758*, perteneciente, hoy en día, a la *Infanterie de Marine*, antigua Infantería Colonial, que es un Cuerpo del Ejército de Tierra galo, pero cuya creación respondió a lo mismo que proponía Escaño.

España, durante el siglo XVIII, debido a la escasez de tropas de Batallones, embarcó regimientos completos del Ejército de Tierra; recordemos que la Infantería de Marina tenía que guarnecer (y sigue guarneciendo) también los arsenales y diversas dependencias de la Armada.

Otra acción muy detallada en las Ordenanzas es la de la defensa de la bandera durante el combate, las cuales algunos comandantes ordenaban clavar el asta para que no se pudiese arriar (señal de la rendición) en caso alguno. En la defensa de la enseña de la Patria, no encontramos ejemplo mejor que el del granadero del Cuerpo de Batallones de Marina, Martín Álvarez. Este soldado formaba parte de la dotación del navío San Nicolás de Bari (de 80 cañones, botado en Cartagena en 1769) ,al mando del capitán de navío Tomás Geraldino, y por su heroico valor durante el ya citado combate de San Vicente (14 de febrero de 1797) obtuvo el reconocimiento, incluso, de la Marina Británica. En Gibraltar, estuvo montado un cañón del San Nicolás con esta inscripción (traducida del inglés): "Hurra por el Capitán (Geraldino), hurra por el San Nicolás, hurra por Martín Álvarez".

La crónica de un oficial inglés presente en la acción nos cuenta:

[…] en el barco español San Nicolás de Bari queda algo por conquistar. Sobre la toldilla arbola la bandera española que flota al viento cual si todavía el barco no se hubiese rendido. Un oficial inglés que lo observa va a ella para arriar la bandera. Antes de llegar un soldado español [Martin Álvarez], de centinela en aquel lugar, sin apartarse de su puesto, le da el alto, el oficial no le hace caso y se acerca, el sable del centinela lo atraviesa con tal fuerza que lo deja clavado en la madera de un mamparo. Un nuevo oficial y soldados se acercan y el centinela, no logrando desasir su sable de donde se hallaba pinchado, coge el fusil a modo de maza y con él da muerte a otro oficial y hiere a dos soldados. Da después un salto desde la toldilla para caer sobre el alcázar de popa donde lo acribillan a tiros los ingleses […].

Pero no le mataron, se curó, fue ascendido a cabo, se le asignaron cuatro escudos mensuales de pensión vitalicia, aunque tuvo que aprender a leer y escribir para que se le pudiesen devengar. Falleció en 1801, tras sufrir un accidente. Por haberse dispuesto así de R. O., varios buques de la Armada han llevado su nombre.

Punto final

La vida en los navíos donde sirvieron los soldados del Cuerpo de Batallones (Infantería de Marina), sin llegar a la dureza de la "[…] de la galera […]", seguía siendo incómoda, pecaba de falta de intimidad, de escasez de agua dulce, alimentación insana –aunque habría que compararla con la que disfrutaban muchas poblaciones de la época en invierno y veríamos que no estaba tan alejada de ella–, de rigidez ordenancista, de escaso número de cirujanos embarcados –en relación con la cantidad de heridos que caían en combate–, de falta de esparcimiento en tierra con ocasión de las escalas, pues tenían permitido bajar a tierra dos días por semana, y estar de regreso antes del ocaso. Seguían padeciendo el escorbuto en las largas navegaciones y los que iban destinados a plazas americanas o filipinas, encontraban los mortíferos mosquitos.

La tropa de Batallones fue parte esencial de las dotaciones de los buques, en paz y en guerra, en la mar y en el combate, sus hombres cubrían puestos vitales para impedir el abordaje contrario o para ejecutarlo cuando se les ordenaba, y representaban un papel táctico importante. Muchísimos oficiales de Marina sirvieron en los Batallones, alternado con sus destinos en buques, y muchos alcanzaron, como el granadero Martin Álvarez, cotas de heroicidad legendarias. ■

La Infantería de Marina

en las guerras de emancipación de América

Julio Albi de la Cuesta

No obstante su intensa participación en la Guerra de Independencia, los regimientos de Marina también intervinieron en la lucha por la emancipación que se desarrolló en la América continental entre 1810 y 1824. Su aportación fue cuantitativamente modesta –unos 600 hombres, y en tres teatros diferentes–, pero tuvo una relevancia más que proporcional debido a que se produjo en las fases iniciales, cuando España no disponía de una sola unidad europea en ultramar.

Pese a ello, habitualmente se ha dado poca importancia al papel desempeñado por esas fuerzas, incluso en estudios consagrados a la actuación en aquellas guerras de la Armada española, aunque las tropas de Marina formaban parte de la misma.

Se ha considerado preferible describir los servicios que prestaron atendiendo a los diversos escenarios, y no siguiendo un orden cronológico que se podría prestar a confusiones.

En Montevideo

Tan pronto como se produjo el alzamiento de Buenos Aires en favor de la independencia, en mayo de 1810, seguido por la expulsión de las autoridades reales, la junta que las sustituyó mostró una actitud expansionista, lanzando expediciones militares a los territorios vecinos como el Alto Perú –hoy Bolivia–, Paraguay y Uruguay. Las dos primeras fracasaron, pero la tercera, tras diversos avatares, llegaría a establecer un estrecho cerco a Montevideo de mayo a noviembre de 1811, que sería seguido por otro aún más férreo, y definitivo, desde noviembre de 1812 a junio de 1814.

Por otra parte, en esa plaza, al llegar las noticias de lo sucedido en la capital bonaerense, se incubó una sublevación del núcleo de la guarnición, integrado por el Regimiento de Infantería Voluntarios del Río de la Plata y el Batallón de Infantería Ligera del mismo nombre. Ambos eran unidades formadas por americanos, aunque tenían a su frente a sendos europeos. Los dos cuerpos pertenecían a la categoría de milicias, y se les había negado su pase a la categoría de veteranos, lo que causó malestar entre oficiales y tropas y, en alguna medida, favoreció la conspiración.

Ante esa amenaza, el gobernador interino, Joaquín de Soria, estaba prácticamente indefenso. Por fortuna, José María de Salazar, que como ministro regiría durante años los destinos de la Armada, y que entonces era el comandante del Apostadero, contaba con las guarniciones de los buques de guerra surtos en el puerto. Ello permitió que "la poca tropa de Marina de su mando, abultada con la interpolación de muchos marineros y grumetes" desembarcara y sofocara sin dificultades el movimiento antes de que acabara el día 12 de julio, cuando se había iniciado. Los mandos fueron arrestados, y, "lejos de aplicarles las leyes militares", solo tres de ellos fueron remitidos a la Península. Actitud muy diferente observaron los independentistas, que en agosto de ese año fusilarían al exvirrey Liniers. Según unas fuentes, las unidades fueron simplemente disueltas, y las tropas "se deshicieron por sí mismas". Otras, en cambio, aseguran que se las repartió entre otros cuerpos, de los que no tardaron en desertar. En todo caso, Montevideo estaba salvado para la Corona.

FUSILERO DE LOS REGIMIENTOS EXPEDICIONARIOS DE INFANTERÍA DE MARINA en orden de marcha, ataviado con el **UNIFORME DE CAMPAÑA DE VERANO** de 1813. Durante la Guerra de la Independencia se renovó el vestuario del cuerpo con arreglo a la moda inglesa, lo que significó la introducción de casacas cortas de paño azul con cuello, bocamangas y vueltas rojas, sardinetas amarillas, pantalones anchos –en este caso blancos, al tratarse del uniforme de verano– y morrión, pieza esta última que nuestro protagonista lleva envuelta en la preceptiva funda de lona cruda para preservarlo. El emblema del ancla sobre esta última y, sobre todo, en el cuello del uniforme permite adscribir con seguridad a la Infantería de Marina, cuerpo que desempeñó un destacado papel durante los primeros años de las Guerras de Emancipación en los territorios ultramarinos de la Corona. En este contexto, no pocas veces fue, junto con otro personal de la Armada desembarcado, la principal fuerza europea profesional a disposición de virreyes y capitanes generales con la que confrontar a los contingentes rebeldes. © José Luis García Morán

De los dos asedios que sufrió la plaza, el de mayor importancia fue el segundo, cuando la ciudad estaba regida por Gaspar de Vigodet, en calidad de capitán general, y el Apostadero se hallaba al mando del capitán de navío Miguel Sierra. A lo largo de los muchos meses que duró, hubo varios enfrentamientos navales, con diversa fortuna. La tropa de Marina intervino en ellos, pero parece que en pequeño número, ya que las naves empleadas fueron de escaso porte, y muchas de ellas mercantes. Lo prueba el hecho de que en varias de ellas embarcaron como guarnición tropas del Ejército llegadas de España, miñones catalanes y milicias. En cuanto a las tripulaciones, se formaron con "tahúres y holgazanes", "heterogénea turba". Era tal su ignorancia del arte de la navegación, que para que distinguieran los mástiles se puso en ellos cartas de la baraja, que sí eran capaces de identificar.

El cerco se arrastró casi durante dos años, reducido sobre todo a bombardeos y a escaramuzas diarias de los jinetes del llamado Cuerpo Guerrillero y de tres unidades de infantería constituidas por parte de los tres mil americanos emigrados a Montevideo, huyendo de los independentistas.

Para los asediados, el principal problema, más aún que las bombas, fueron las durísimas condiciones de vida. Se desató una "fiebre pútrida", en parte atribuida a las tropas que llegaron de Europa en lastimoso estado, que, junto con el hambre, mató a más de la mitad de los habitantes y un porcentaje elevado de soldados. Por otra parte, el suministro de agua exigía combates diarios; llegó a ser de tan mala calidad, "verde, amarga", según un testigo, que solo se podía beber mezclada con vinagre. Además, se pudrió hasta el tasajo, que constituía el principal alimento.

Únicamente se dio un combate relevante, el 31 de diciembre de 1812, cuando se realizó una salida en fuerza contra la estratégica posición de El Cerrillo. Intervinieron en ella tres columnas. En la de la derecha, formaba una compañía de Marina, con el alférez de navío Sebastián Butler y el de fragata Juan Montaño. Por desgracia, el ataque se realizó descoordinadamente, de forma que las columnas fueron derrotadas al detall, cuando el jefe de una de ellas, "más arrebatado que paciente" se adelantó al resto. La Marina logró coronar el objetivo, tras batir al enemigo, pero fue expulsada por un contraataque. Al final, la fuerza, "en buen orden, al son de sus cornetas", tuvo que regresar a la plaza, con sensibles bajas, entre ellas los dos oficiales citados, heridos.

En septiembre de 1813, llegó a Montevideo una expedición desde la Península, que incluía dos denominados "destacamentos" de Marina, con 3 oficiales y 275 hombres, muchos de los cuales desembarcaron escorbutados.

En mayo del año siguiente, y tras una derrota naval decisiva, la ciudad, abrumada por más de dos mil impactos de artillería y, sobre todo, por el hambre y las enfermedades, capituló. La guarnición había sufrido unos 533 muertos y 796 heridos. De los 4150 supervivientes, casi la mitad estaban enfermos, y, el resto, convalecientes.

El comandante en jefe independentista, Carlos María de Alvear, un rioplatense, hijo de marino español y que se había distinguido en la guerra contra los franceses, sirviendo en la unidad más selecta del Ejército, las Reales Guardias de Corps, violó los acuerdos firmados, que preveían el regreso a España de los rendidos, y les dio a elegir entre unirse a sus fuerzas, o ser enviados a uno de los terribles campos de prisioneros del interior. Así acabó el dominio español en lo que entonces se conocía como la Banda Oriental.

Venezuela

El 19 de abril de 1810 se instaló en Caracas una junta llamada, como otras, Conservadora de los Derechos de Fernando VII, y el capitán general, opuesto a esa iniciativa, fue depuesto. El 5 de julio del año siguiente se declaró la independencia. Sin embargo, las provincias de Coro, Maracaibo y Guayana permanecieron leales.

En marzo de 1812 llegó a la primera de ellas, y procedente de Puerto Rico, el teniente de navío, graduado de capitán de fragata, Domingo Monteverde –veterano de Tolón, San Vicente y Trafalgar–, al frente de una compañía de Marina de 123 plazas. Al poco, recibió órdenes del gobernador, el brigadier José Cevallos, de que hiciera un reconocimiento hasta Carora. Se puso en marcha, pues, con un contingente de unos 400 hombres, cuyo núcleo era su propia tropa, reforzada por desertores de un bergantín de guerra. En Siquisique salió a su encuentro el capitán indio Reyes Vargas, que con su compañía de urbanos naturales –es decir, indígenas–, se había alzado por el rey. Tras un breve tiroteo, se apodera de Carora, que somete a saqueo, ignorando las órdenes al respecto.

Su misión estaba cumplida, pero desobedeciendo a Cevallos, y engrosado sobre la marcha por voluntarios prosigue su camino. Dos hechos vinieron a favorecerle:

El Cabildo Abierto del 22 de mayo de 1810, obra de Pedro Subercaseaux que recoge el momento en el que el cabildo abierto de la ciudad de Buenos Aires decretó la expulsión del virrey Baltasar Hidalgo de Cisneros, en el marco de la llamada Revolución de Mayo, arranque de la Guerra de la Independencia de las Provincias Unidas del Río de la Plata (1810-1824), y en cuyos primeros compases tuvieron un destacado desempeño las fuerzas de Infantería de Marina destacadas en el territorio.

Oficial de Infantería de Marina en uniforme de diario hacia 1807, con rango equivalente a teniente de navío, condición indicada por las dos charreteras que este porta sobre los hombros. © New York Public Library Digital Collections

un terremoto y una sublevación. El primero se produjo el 26 de ese mismo mes; curiosamente, afectó solo a las poblaciones independentistas, no a las realistas, lo que se interpretó como un castigo divino, de forma que la gente se echó a la calle pidiendo "misericordia y perdón al rey". En cuanto a la segunda, se produjo el 30 de junio, cuando se levantaron los prisioneros de Puerto Cabello y se apoderaron de la plaza, obligando a huir a Bolívar, que la mandaba. Poco antes, también los esclavos de Barlovento se habían alzado por Fernando VII.

Todo ello, naturalmente, favoreció a Monteverde, que, además, había recibido tres compañías llamadas Americanas, enviadas desde España, vía Puerto Rico. Cuando su superior, Cevallos, pretendió asumir el mando del conjunto, el marino, dando pruebas de que si era valeroso soldado, era pésimo militar, se negó a cedérselo. El brigadier, para evitar un conflicto, se inclinó.

Esos acontecimientos, en cambio, perjudicaron a su oponente, Francisco de Miranda, que había sido un brillante oficial del Ejército español y general de la República francesa. Tras un fracasado intento contra la Venezuela de 1806, estaba de regreso, y había sido designado generalísimo. Aunque tenía más tropas que Monteverde, desconfiaba de "deserciones y traiciones". En efecto, "una gran parte eran reclutas forzados, y la otra, gente acobardada, que desertaba diariamente en grupos". Temía, además, por los sucesos de Barlovento, que se desencadenara una guerra de etnias. De ahí que adoptara una actitud pasiva y que, si bien rechazó en varias ocasiones a Monteverde, en julio llegó a un acuerdo con él que equivalía a una capitulación.

El día 25, el marino entró en Caracas, las provincias restantes se sometieron y "todo quedó allanado con la mayor felicidad". Por su parte, Miranda, que había ido a La Guaira para embarcarse, fue víctima de una asechanza. A altas horas de la noche, en "una acción infame", unos militares, "sus amigos más favorecidos", encabezados por Bolívar, lo arrestaron. No contentos con ello, lo entregaron a los realistas. Monteverde, despectivo, se permitió decir que "se concede pasaporte al señor [Bolívar] en recompensa del servicio ha prestado al Rey". Miranda, asqueado por la traición, sentenció:

"bochinche, bochinche, esta gente no es capaz de hacer sino bochinche".

Monteverde llegó así a la cúspide, ya que, tras desconocer la autoridad del capitán general, Fernando Miyares, fue nombrado para ocupar ese puesto, mientras que su antecesor tuvo que consolarse con la capitanía general segregada de Maracaibo. Por desdicha, el carácter indisciplinado del marino se completaba con unas pésimas dotes de político. Aunque no sentenció a nadie a muerte excepto a tres conspiradores, violando los términos del acuerdo que incluían un "olvido total" del pasado, dio en encarcelar a centenares de personas sin proceso alguno, al tiempo que embargaba sus bienes, lo que le valió serios enfrentamientos con la Audiencia.

Creó de esa manera un descontento generalizado, que aprovechó el independentista Santiago Mariño para regresar de su exilio y desembarcar, en enero de 1813, en Güiría,

en Oriente, con un pequeño grupo de hombres que pronto se vio aumentado por voluntarios y desertores realistas. Casi simultáneamente, Bolívar desencadenó una invasión por Occidente, la que ampulosamente se bautizará como Campaña Admirable.

Monteverde salió al encuentro del primero, con las compañías americanas, "algunos soldados de Marina" que le quedaban y milicias corianas. El choque se produjo en Maturín, el 25 de mayo. Sin esperar los refuerzos que llegaban, Monteverde dio el asalto al enemigo fortificado, y fue rechazado; una carga de la caballería adversaria acabó de derrotarlo. Se salvó de milagro gracias a su ordenanza, pero en el campo "pereció casi toda la poca tropa europea que había en Venezuela". Tal fue el fin de aquella compañía de Marina. Sin embargo, pocas unidades de su entidad pueden alardear de haber reconquistado, prácticamente solas, un país.

En cuanto a Monteverde, su periodo americano terminó como había empezado, por un acto de indisciplina. Nuevamente derrotado, en Las Trincheras, en octubre de 1813, y alcanzado por una bala "que le entró por la boca, atravesándole la quijada izquierda", se acogió a Puerto Cabello. "El vecindario y la guarnición" le depusieron en diciembre, y le hicieron "salir avergonzado para la isla de Curazao", "sin consideración a la gravedad de su herida". En palabras del virrey Francisco Montalvo, así "pronto y con no menos amargas circunstancias, vio castigada en su persona la conducta que observó con su jefe, el mariscal de campo don Fernando Miyares".

Retrato del general Francisco Javier Venegas y Saavedra (1754-1838), quien hubo de asumir el cargo de virrey de Nueva España en las complicadas circunstancias del año 1810. Gracias al sobresaliente desempeño de las limitadas fuerzas peninsulares a su disposición –los infantes de Marina de las unidades de la Armada allí operativas– el virreinato logró resistir y hasta poner contra las cuerdas a las fuerzas rebeldes, hasta su caída definitiva en 1821.

Nueva España

Tan pronto como Francisco Javier Venegas tomó posesión de su cargo como virrey de Nueva España, el 13 de septiembre de 1810, echó en falta, igual que todos los gobernantes españoles en América, la presencia de tropas europeas. De ahí que inmediatamente diera instrucciones al capitán de navío Rosendo Porlier, comandante de la fragata Atocha, en la que había viajado desde la Península, para que desde Veracruz se incorporara a la capital mexicana con la guarnición de su buque y de otros que se hallaban en el puerto.

Cumpliendo la orden, la fuerza se puso en marcha, satisfecha por dejar atrás el mortífero clima de la costa, donde el vómito negro diezmaba en días a las unidades europeas. Tras recorrer el arduo camino que se elevaba hasta tres mil metros de altura, hizo su entrada en la urbe, a la que escandalizó por su "lenguaje impío, obsceno, y descomedido". Se llegó a describir a sus componentes como "hombres de partes (en el sentido de cualidades morales de una persona) tan extrañas y maneras tan grotescas como si tuvieran su cuna en la Siberia", quizá aludiendo a sus costumbres marinerescas, a lo que se añade que "enseñaron a los americanos a blasfemar".

Posteriormente, se repitió la operación. Así, se sabe que en 1811 estaba actuando en suelo mexicano la guarnición del navío San Pedro, y que al año siguiente se constituyó un pequeño batallón de Marina con 192 hombres de los navíos Asia, Miño y Algeciras, completado con los de otras naves.

Esos contingentes desplegaron una intensa actividad que resulta imposible recoger aquí con detalle, por falta de espacio. Baste decir que, como sucedió en Montevideo y en Venezuela, fueron las primeras fuerzas peninsulares que llegaron al territorio, y que jugaron un papel desproporcionado a su escasa importancia numérica dentro de un Ejército realista que entre 1816 y 1820 llegó a reunir 40 000 hombres de tropas regulares –de ellas, una tercera parte peninsulares–, además de hasta 58 000 de urbanos.

El bautismo de fuego de los de Porlier fue el 14 de enero de 1811, en Urepetiro, a las órdenes del alférez de navío Pedro de Micheo, dentro de una agrupación mandada por el teniente de fragata Pedro Celestino Negrete, personaje que evolucionaría de brillante jefe realista a ser, durante unos días, presidente constitucional del México independiente. La fuerza "no rompió el fuego hasta que llegó a tiro de pistola" y dada la descarga, avanzó a la bayoneta, arrollando a los contrarios. Dos partes de la época destacan que "el batallón Real de Marina se ha cubierto de gloria", y que "el bizarro batallón" "tomó la bandera" cogida al enemigo, que fue batido de plano.

El 3 de marzo obtuvo la victoria, formando parte de la Columna Porlier, al derrotar a los independentistas en una llanura ante la cuesta de Zapotlán. Durante la persecución de los vencidos, se adentró en un desfiladero, en el que estos dieron fuego a cinco minas. En esa inesperada circunstancia, el batallón, indica el correspondiente parte, mostró "heroica firmeza", no solo rechazando un asalto de los contrarios, confiados en el efecto sorpresa, sino contraatacando. El mencionado documento destaca que estuvo "Micheo muy apurado en medio de los rebeldes, dando cuchilladas y la muerte a uno para libertarse". Resulta interesante anotar que la fuerza naval es descrita como "artilleros de la Brigada Real de Marina, batallón de infantería del Real Cuerpo de la Armada y marinería de los buques del Rey",

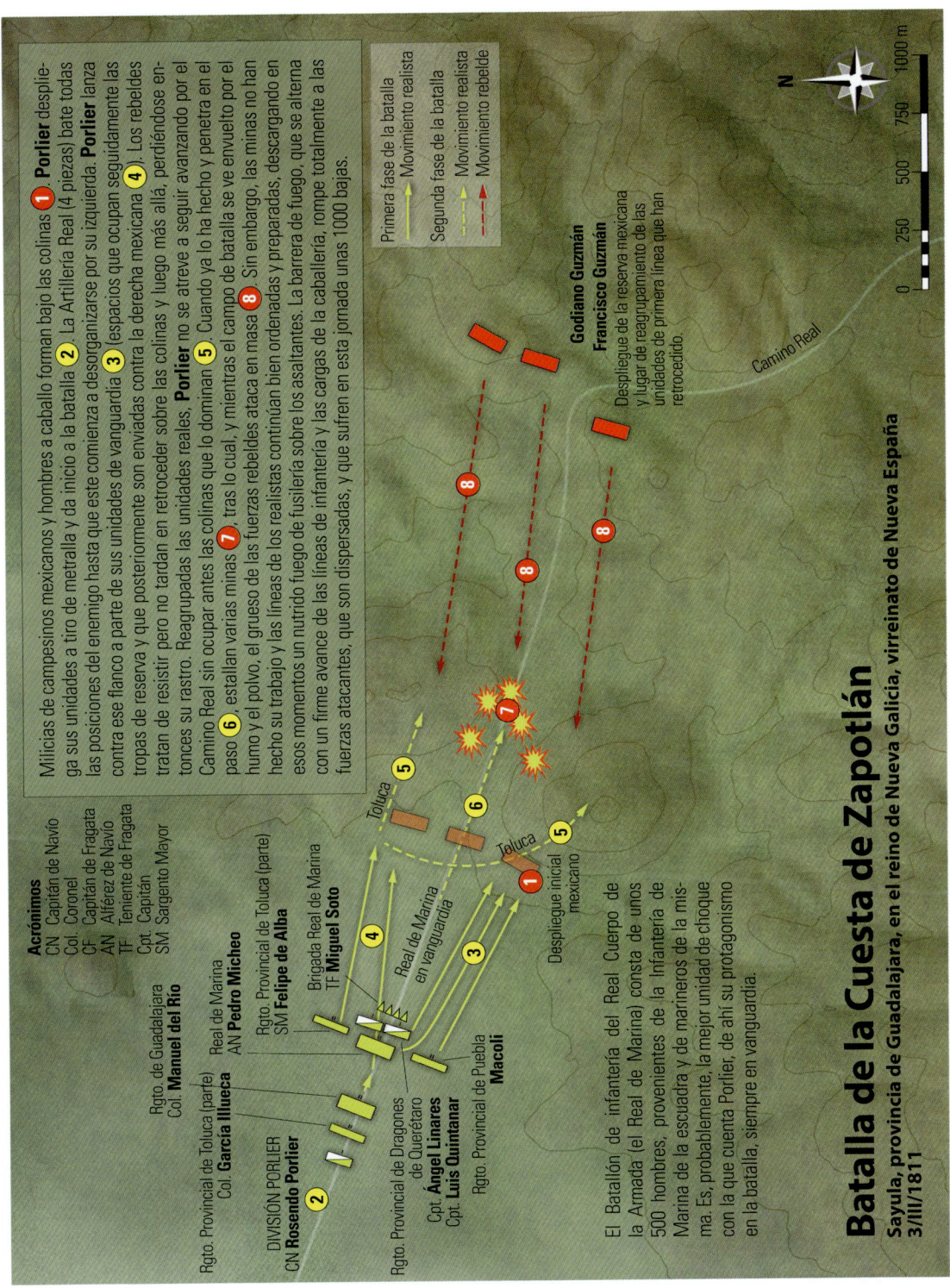

Batalla de la Cuesta de Zapotlán
Sayula, provincia de Guadalajara, en el reino de Nueva Galicia, virreinato de Nueva España
3/III/1811

Pistola de llave española del siglo XVIII e inicios del XIX, decorada en plata y actualmente en exposición en el Museo Naval de Madrid. Este tipo de armas cortas eran particularmente útiles en acciones cercanas, como abordajes y combates cuerpo a cuerpo. © ROWANWINDWHISTLER

enumeración que describe certeramente la composición de aquellos singulares destacamentos.

Durante los siguientes meses, las fuerzas de Marina combatieron contra el cura Morelos y sus lugartenientes. Frente a adversarios como ellos, no extraña que no todo fueran victorias. En septiembre, expulsaron a los independentistas del cerro de Tenango y repelieron "con el mayor valor e intrepidez" un ataque nocturno de Ignacio Aldama en la hacienda San Cristóbal, destacando, dice el parte, "las valerosas tropas de Marina". En octubre, rompen el cerco de Toluca. En la operación participaron tres columnas, una de ellas al mando de José García, primer condestable de Artillería de Marina de la Atocha, que sería ascendido. Hasta cinco mandos de la Armada fueron citados en el informe oficial.

En cambio, en noviembre, los realistas fueron rechazadas por el propio Morelos en Izúcar. El teniente de fragata Miguel del Soto resultó herido de gravedad en la cabeza y en el vientre –moriría al poco–, y el alférez de navío Micheo en una pierna, lo que no le impidió dirigir la retirada. Uno y otro habían sido citados en un parte por "intrepidez y energía".

Entre diciembre de 1811 y enero de 1812, los tenientes de navío Pedro del Toro, del San Pedro, y Francisco Michelena vencen a fuerzas superiores, tomándoles cañones, en el cerro de Tenango y en la barranca de Tecualoya, pero en una salida de la asediada Tenancingo, el primero resultó gravemente herido y muerto el segundo, "uno de los más bizarros oficiales [de Marina] enviados de La Habana", y que jugaron un papel muy destacado en aquella guerra. Correspondió a Porlier organizar una difícil evacuación, abandonando los cañones, tras clavarlos, pero llevándose los heridos.

El 5 de octubre, un destacamento de Marina y de otras unidades, acaba con el cabecilla Valerio Trujano, "de la mayor confianza de Morelos". Para ese mes, debido a los combates y a las enfermedades, se hablaba de "los restos del batallón de Marina, reducido a menos de la mitad".

En noviembre, Porlier, ya brigadier, consigue llevar desde Puebla hasta la costa un convoy de mil quinientas mulas, haciendo fracasar los esfuerzos de Morelos por tomarlo. Luego, parte de sus tropas de Marina quedaron en la columna del teniente coronel Luis de Águila, mientras él embarcó para España "con parte de su batallón de Marina".

Del Águila, no mucho después, batió en Acultzingo al propio Morelos, derrotando a "su guardia y sus negros escogidos" con las compañías de preferencia del

Asturias y un movimiento envolvente de cuarenta y cinco soldados de Marina. Perdió la artillería, cuatro banderas e "infinita gente". La fuerza naval, al mando del teniente de fragata José Travesí, fue citada en el parte.

Entre enero y febrero de 1813, de nuevo se la menciona; integrada en una columna al mando del brigadier Olazábal, que sale de Jalapa, flanquea las posiciones enemigas por "sierras inaccesibles y ásperos caminos" –tanto que hubo que llevar los cañones a brazo–, llega a Veracruz y regresa, convoyando infantería y artillería llegadas desde España.

Del 23 al 25 de diciembre, Morelos es vencido otra vez, en sus fallidos intentos contra Valladolid. En concreto, el 24, se salvó por poco, cuando Iturbide realizó una violenta salida con un destacamento de tropas de Marina, del Fijo de México, de la Corona y de dragones, que llegó hasta su propio campamento, provocando "una confusión general", como escribió el *independista* Rosaín, en la que incluso su

Insurgente mexicano armado con una lanza, acuarela de Theubet de Beauchamp datada hacia 1810-1827. Este tipo de tropas, pobremente armadas y mal organizadas, si bien numerosas y ocasionalmente motivadas, constituyeron el grueso de muchos de los ejércitos rebeldes en Nueva España. © Danego

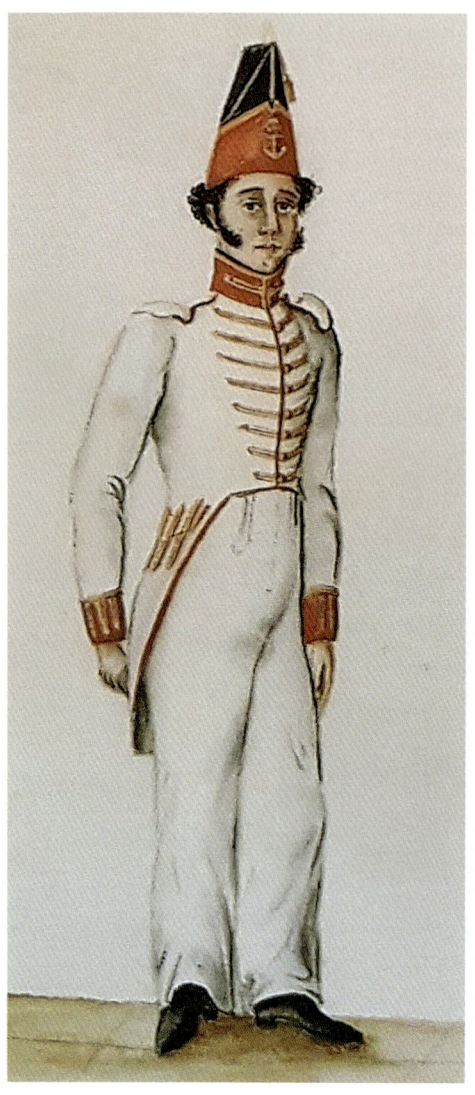

propia escolta, la Compañía de los Cien Pares, se dispersó. El mismo Morelos reconoció que fue "una derrota general", con "pérdida de mucha gente" y de veintisiete cañones. El teniente de fragata Alonso Burón, edecán del brigadier Ciriaco del Llano, un marino que tuvo el mando de ese ciclo de operaciones, resultó herido de un bayonetazo en el pecho. Tanto él como el alférez de navío Dionisio Guiral se distinguieron.

Más grave todavía fue, el 5 de enero de 1814, lo que Rosaín llama "la espantosa derrota de Puruarán". Morelos la describe como "nueva derrota", "de mucha pérdida de gente" y de veintitrés piezas. Su mano derecha, Mariano Matamoros, cayó prisionero y fue fusilado. En el combate participó una compañía de Marina, que fue premiada, como las demás unidades participantes, con un escudo de distinción.

Ese mismo año, el 24 de septiembre, Del Águila, tras una marcha nocturna bajo la lluvia, sorprende en Zacatlán y pone en fuga a otro importante jefe independentista, Ignacio López Rayón, que logra escapar, pero abandonando todo su equipaje y hasta su sombrero y su bastón. La compañía de Marina, con noventa efectivos, se distinguió, mandada por el teniente de fragata Joaquín Santaolalla. En el parte se señala que "los marinos, a pesar de haber marchado 20 o 22 leguas, se arrojaron al pueblo a la carrera", asaltando la casa de Rayón y el cuartel. Lo que es infrecuente, menciona expresamente al cabo Juan García, "de la Real Marina".

En 1815, Fernando Miyares, hijo del capitán general de Venezuela del mismo nombre, con una columna en la que figura esa compañía, logró establecer, tras duros combates, el camino militar que garantizaba las comunicaciones entre México y Veracruz, arteria vital por la que salían la plata y todas las exportaciones, y por la que entraban las importaciones y los refuerzos de la Península. Con motivo, los independentistas calificaron de "fatal cadena de puestos", la que creó, asegurando el funesto puente del Rey, periódicamente cortado y cuya conquista requería una batalla a cada convoy.

Al año siguiente, el marino Ruiz de Apodaca se hace cargo del virreinato, y escoge como su escolta a las tres compañías de Marina que entonces existían en Nueva España, y que se describen como formadas por "tropa de Marina y marineros". Permanecerán en la capital hasta la noche del 5 de julio de 1821, cuando, para su eterna vergüenza, los regimientos peninsulares Órdenes Militares, Infante don Carlos y Castilla, depusieron a Apodaca. Las compañías, "en que el virrey tenía la mayor confianza y eran las que custodiaban su persona", dejaron hacer, de forma que solo pudo contar "con pocos soldados" de ellas y con su guardia de alabarderos. No obstante, al negociar con los amotinados su cese, insistió en conservar para su protección a esas compañías hasta que partiese para la metrópoli.

Un estado de fuerza de diciembre de ese año que enumera las unidades europeas que permanecieron fieles, y no se adhirieron al Plan de Iguala de Iturbide, que llevaría a la independencia de Nueva España, menciona una compañía de Marina, con 3 oficiales y 74 hombres. Otro documento del 3 del mismo mes de 1821, incluye entre la guarnición del castillo de San Juan de Ulúa una compañía con 1 oficial y 44 de tropa, sin que sea posible establecer si se trata de la misma unidad. En todo caso, su presencia en ese último reducto español en México es una elocuente prueba de lealtad mantenida hasta el final. En abril de 1822 fueron repatriados 86 miembros del Cuerpo, sus últimos restos en aquellas tierras.

El coste

El Real Cuerpo de Infantería de Marina pagó un alto precio por la intensa actividad desplegada por tierra durante las guerras de Independencia de España y de Emancipación de América, por no hablar de las campañas navales. Al tiempo, un Estado en quiebra y una Armada en la peor situación de toda su historia, carecieron de los medios para mantenerlo en unas condiciones aceptables.

En una carta de marzo de 1814, Luis de Salazar describía así la situación del Cuerpo: la "tropa generalmente está empeñada, desnuda, descalza y desarmada", de manera que en una formación parecía "una banda de pordioseros en la puerta de un convento". Un grave problema era que los oficiales, procedentes de la Armada, "no tienen apego a este servicio, ni amor al soldado". En su opinión era un error creer que "un oficial de Marina, por el mero hecho de serlo, ya es, o se le reputa, capaz" de desempeñar una multitud de tareas, incluido el mando de ese tipo de fuerza, que debería tener una oficialidad propia, específica.

En 1822, al final casi del periodo que interesa, nada había cambiado. Según fuentes oficiales, se decía sobre la Infantería y la Artillería de Marina que "no aparece documento alguno fehaciente que acredite su existencia", a lo que se añadía que "la tropa, en general, está muy falta de vestuario y armamento por las considerables sumas que se adeudan", y se hablaba del peligro de que "faltando la subsistencia a los individuos de estos cuerpos, causasen de un momento a otro disgustos y males de trascendencia".

De esa forma se pagó "la buena y justa opinión que la tropa de ambos cuerpos de Marina ha sabido siempre granjearse en mar y tierra, no menos por su singular bizarría que por su exacta subordinación", y de la que se dijo que "el honor de los de la Real Marina no permitía volver nunca la espalda" al enemigo. ∎

Nota: Cervera Perry aporta una anécdota curiosa a la Historia de la Infantería de Marina española. Señala que José de San Martín mandó durante seis campañas a fuerzas de ese cuerpo, a bordo de la fragata Santa Dorotea, hasta que fue capturado por un navío inglés. Según el comandante de este, se habría batido "con la más constante bizarría".

Soldado de los batallones de las Antillas hacia 1816-1827, que muestra los uniformes predominantemente blancos, con vivos, alzacuellos y bocamangas rojas, así como sardinetas amarillas, empleados por los infantes de Marina en estos territorios. Viste el birrete cuartelero reglamentario de 1816 que, en combate, sería reemplazado por el morrión, aparte de añadirse los imprescindibles correajes y armamento. © JESÚS CAMPELO GAÍNZA

Cambio y continuidad
De Fernando VII a la Restauración borbónica

Jesús Campelo Gaínza

El siglo XIX fue enormemente convulso en España. Comenzó con la derrota en Trafalgar (1805) y el largo conflicto contra el invasor napoleónico. Una contienda que fue devastadora y que, a pesar de completarse en 1814 con la expulsión de los franceses por la frontera pirenaica, dejó al Ejército español muy deteriorado. A esto se le añadía una Marina de guerra casi inexistente. Era el momento de recomponer las estructuras de poder y sus instituciones, ya a las órdenes del rey Fernando VII, pero lo primero que hizo fue derogar la Constitución de Cádiz. Por tanto, esta continuaría siendo una época muy complicada, donde el Cuerpo de Batallones de Marina, antecedente del actual Cuerpo de Infantería de Marina, objeto de este documento, se vería inmerso en un sinfín de reformas, reorganizaciones y campañas militares, tanto en la Península como en ultramar.

Este Cuerpo de Batallones de Marina, que con tanta valentía había luchado tanto por mar en la batalla de la Poza de Santa Isabel (1808) como por tierra en todas las campañas desde Bailén a Tolosa integrado en divisiones del Ejército, al finalizar esta Guerra de la Independencia estaba organizado en seis regimientos. Los tres primeros en el Departamento Marítimo de Cádiz, dos en el de Cartagena y uno solo en el de El Ferrol.

Reconocimientos y recompensas bajo Fernando VII

La participación de los infantes de Marina fue tan distinguida en esa guerra, que el nuevo rey, mediante la Real Orden de 15 de octubre de 1815, decretó que todos, independientemente de su función y rango, ostentasen las sardinetas de los granaderos en las bocamangas. Así quedaban señalados como miembros de compañías de preferencia. Distintivo que hoy en día se sigue portando en el uniforme. Además, el sentimiento por estas tropas de Marina resultó ser tan señalado que, en la Memoria sobre el estado de la Marina del 31 de mayo de 1816, el ministro de Marina José Vicente Vázquez de Figueroa le decía al rey que la Infantería de Marina había hecho

> […] un servicio extraordinario de guarnición en los puestos que le corresponde. Se ha empleado en patrullar y evitar desórdenes, y ocupa incesantemente en el servicio la escasa fuerza numérica a que está reducido. Pero no sólo no ha sido posible remediar su desnudez, sino que aún el socorro diario lo han percibido con veintitrés días de atrasos, ocurriendo muchas veces entrar de guardia con sólo el pan […].

Porque en esas fechas, a pesar de la precariedad, sus hombres seguían cumpliendo fielmente sus cometidos, y demostraban que no solo eran capaces de luchar contra el enemigo, sino también ante la miseria.

Primeras reorganizaciones. La Brigada Real de Marina

Pero todos esos reconocimientos no pudieron evitar que, pese a que en los territorios españoles en América se estaban librando las guerras de emancipación, su

Un **SOLDADO DE INFANTERÍA DE MARINA**, en **UNIFORME DE DIARIO**, consume su rancho a bordo de la **FRAGATA BLINDADA NUMANCIA** una inopinada mañana de 1865, durante la campaña naval que enfrentó a España con Ecuador, Perú, Bolivia y Chile en el contexto de la Guerra del Pacífico (1865-1871). Aunque el uniforme sigue las pautas establecidas en 1857, nótese que han desaparecido ya las dragonas metálicas sobre los hombros, que fueron reemplazadas en 1861 por hombreras elaboradas en paño, más llevaderas. Descansa a su lado, junto a su arma reglamentaria, el morrión, en este caso correspondiente todavía al modelo 1857, cuya borla superior muestra dos anclas cruzadas, emblema del cuerpo.
© José Luis García Morán

única misión volviera a ser la defensa de bases y buques, como justo un siglo antes, enfrentándose el cuerpo a su primera reducción orgánica. Según la Orden Ministerial de 15 de febrero de 1817, se pasaba de seis a tres regimientos. Uno en cada Departamento Marítimo. La segunda llegaría en febrero de 1823, al poco tiempo de haberse distinguido de nuevo "pie a tierra" en el puente de Armentia contra los Cien Mil Hijos de san Luis que traían el absolutismo, estableciéndose tan solo cuatro batallones: dos en Cádiz, uno en El Ferrol y otro en Cartagena.

Así hasta el año 1827, que comenzaría con un hecho de enorme importancia para la historia del cuerpo. El Real Decreto de 7 de enero creó la Brigada Real de Marina tras fusionar la Infantería y la Artillería de Marina. Esta brigada estaba compuesta solamente por tres batallones, recuperándose de nuevo los oficiales propios. Su configuración se basaba en que en los combates navales ya tenía más importancia el cañón que el fusil, al ser los enfrentamientos a mayores distancias, por lo que todos sus miembros eran instruidos en ambas armas. Una organización donde ya no se contemplaba la figura del granadero, por lo que esta fecha se considera la de su desaparición definitiva.

La Primera Guerra Carlista y la corbata morada

Con esa estructura se llegaría hasta la Primera Guerra Carlista, provocada después de que Fernando VII derogara la ley sálica para nombrar reina a su jovencísima hija Isabel, ocasionando la ira del tío de esta, Carlos María Isidro. Esta guerra civil duraría casi siete años, y debido a las necesidades de esta campaña, el cuerpo tendría que ser aumentado hasta a cinco batallones. En esta contienda los infantes de Marina volvieron a destacar en todos los frentes, como muestran los veinte que fueron recompensados con la Cruz sencilla de 1.ª clase de San Fernando. Una de sus acciones más relevantes sería la del desembarco en Portugalete y Luchana de las Navidades de 1836.

Aun así, terminado este conflicto, en 1841 la Marina cedió al Ejército tres batallones, refundándose con ellos el regimiento Asturias. Los dos que quedaron seguirían prestando sus servicios embarcados en los buques. Pero paradójicamente, a pesar de la enorme reducción de efectivos de aquella época, sería una compañía de Infantería de Marina la que, en 1843, desplegaría en la Estación Naval de Guinea, siendo la única fuerza militar permanente en la zona.

Otro momento histórico para el cuerpo se produjo cuando, tras ampliarse ese mismo año el uso de la bandera rojigualda para toda la nación, se permitió que aquellas unidades militares que por privilegio usaban el pendón morado de Castilla, pudieran incorporar a sus nuevas banderas unas corbatas de ese color. Tal fue el caso de los batallones de Infantería de Marina, cuyas corbatas moradas aún hoy siguen ostentando.

La Segunda Guerra Carlista. Nueva organización

En 1846, Carlos María Isidro abdicó sus derechos en su hijo Carlos Luis, quien se levantó también contra su prima Isabel. En este conflicto el cuerpo nuevamente reforzó las dotaciones de los buques implicados. Finalizado este, el 22 de marzo de 1848 se volvió a recuperar a la Infantería de Marina como arma independiente de la Artillería, aunque todavía integradas en un único cuerpo. Su organización fue un poco singular ya que, debido a las necesidades estratégicas de la época, las diecio-cho compañías con las que contaba estuvieron distribuidas a razón de diez en San Fernando, seis en El Ferrol y dos en Cartagena, formando los que se denominaron primer, segundo y tercer batallón respectivamente.

Primeras campañas extrapeninsulares

Los miembros de estos batallones fueron los que participaron al año siguiente en la restauración del papa Pío IX en el Vaticano, integrados en la División Naval del brigadier José María de Bustillo, distinguiéndose en la toma de la localidad de Terracina. Por el conjunto de esta operación se les otorgó la corbata colectiva de la Orden Piana, recompensa que portan las banderas de los actuales Tercios del Sur, del Norte y del Levante.

Soldado y oficiales del Real Cuerpo de Artillería de Marina en uniforme de diario de invierno, hacia 1847. En 1827 la Infantería de Marina se fusionó con la Artillería, situación que se prolongaría finalmente hasta 1857. © NEW YORK PUBLIC LIBRARY DIGITAL COLLECTIONS

El papa Pío IX bendice en Gaeta a la fuerza expedicionaria del general Fernández de Córdova, enviada en 1849 por el presidente del Gobierno Narváez, para enfrentarse a las tropas garibaldinas y piamontesas, y restituir así al pontífice en la Santa Sede. Litografía de Víctor Adam. © MUSEO NACIONAL DEL PRADO

En 1851, para terminar con los piratas que saqueaban con impunidad las islas del sur del archipiélago filipino, el gobernador español en las Filipinas quiso realizar una expedición de castigo. Para ello organizó un contingente militar, en el que se incluyeron los infantes de Marina allí destinados, y que se reforzó con los indígenas que se alistaron en grandes cantidades. Con gran resistencia se destruyeron ocho fuertes y se capturaron más de doscientos cañones, lo que consiguió pacificar toda la zona.

A partir de aquí, los movimientos revolucionarios en ultramar se convertirían en una constante para la Corona española, motivo por el que se enviaron distintas unidades provisionales del cuerpo a todos aquellos territorios. En una de esas campañas, en Cuba, sería nombrado "benemérito de la Patria" un jovencísimo teniente llamado Joaquín Albacete Fuster, quien luego sería uno de los infantes de Marina más importantes de este periodo.

El Real Cuerpo y las banderas moradas

Mediante el Real Decreto de 6 de mayo de 1857, el ministro de Marina Francisco Lersundi suprimió definitivamente las brigadas de Artillería, organizando la Infantería de Marina en cinco batallones con un marcado carácter expedicionario. Los batallones primero y cuarto quedaron basados en Cádiz, el segundo y el quinto en El Ferrol y el tercero en Cartagena.

También ese año se volvió a recuperar oficialmente el color morado para las banderas, las cuales como se ha visto, desde catorce años antes tenían la orden de ser rojigualdas. Su diseño se definió en el Estado General de la Armada:

Las banderas de este Cuerpo son moradas con el escudo entero de las armas reales en medio, y cuatro anclas, una en cada extremo. En ellas se arropan dos de los caracteres propios más queridos y defendidos por el Cuerpo: su derecho a ser reconocido como Real Cuerpo de Infantería de Marina y el ser considerado como Tropa de Casa Real.

América, Cochinchina y África. Las Medias Brigadas

En el año 1858, de nuevo se envió un batallón provisional a Cuba para reforzar la seguridad de La Habana, ante los movimientos insurgentes que se estaban produciendo. A la vez, ese mismo año, tras el asesinato de misioneros europeos en la Cochinchina, actual sur de Vietnam, España y Francia se aliaron para realizar una expedición de castigo con una docena de buques y miles de hombres. La misión de esta flota, mientras ascendía el río Turana, fue bombardear los fuertes del Imperio de Anam para luego tomarlos con columnas de desembarco de las Infanterías de Marina española y francesa. En febrero del siguiente año se repitió la misma acción en el río Saigón, conquistando la ciudad del mismo nombre tras varios meses de asedio. Esta campaña sería el inicio de la colonización francesa de Indochina. España, en cambio, prefirió no aumentar su presencia en los territorios asiáticos.

Con la intención de que fuera todavía más operativa, mediante el Real Decreto de 13 de abril de 1859, el ministro de Marina José MacCrohon volvió a organizar la Infantería de Marina y formó tres medias brigadas, una en cada Departamento Marítimo, más dos compañías indígenas en Filipinas.

Y mientras esto ocurría en América y Asia, en el norte de África también empezaban a producirse asaltos contra los intereses españoles. Para combatirlos, en diciembre de 1859 se envió una potente fuerza expedicionaria a Ceuta, compuesta por 35 000 hombres al mando del general Leopoldo O´Donnell. A ellos se incorporaron dos batallones de Infantería de Marina. Esta expedición estuvo apoyada por una flota de sesenta buques que llevaban también a bordo unidades de Infantería de Marina para formar columnas de desembarco. El 1 de enero de 1860, mientras los regimientos españoles recorrían el valle de los Castillejos, fueron atacados por los 20 000 guerreros de Muley el-Abbas. Desde la mar la escuadra comenzó a cañonearlos, lo que los obligó a huir a los bosques de la Casa del Morabito. Hacia ellos se dirigió la división del general Juan Prim, mientras el capitán de fragata Miguel Lobo atacaba el flanco izquierdo con varias guarniciones de Infantería de Marina desembarcadas de los buques, atrapando entre dos fuegos a los rifeños y garantizando que quedase libre el camino hacia el sur. Una vez tomada Tetuán, el 23 de marzo tuvo lugar la batalla de Wad-Ras durante el avance hacia Tánger. En esta operación el 6.º Batallón de Infantería de Marina operó en la vanguardia de los Cazadores de África, destacando ocho infantes de Marina que fueron condecorados con la Cruz sencilla de 1.ª clase de la Orden de San Fernando. Esta victoria pondría fin a esta guerra, ampliando España sus límites en África y recuperando la provincia pesquera de Ifni, un territorio que, aunque era español desde la fundación en 1476 de Santa Cruz de la Mar Pequeña, llevaba décadas abandonado.

Bandera morada del 2.º Batallón del 2.º Regimiento de Infantería de Marina. Este tipo de enseñas fueron recuperadas en 1857, tras la reorganización del cuerpo ese mismo año, tras la extinción de las Brigadas de Artillería. © Museo Naval de Madrid

Mientras, en el Caribe, a la complicada situación que se vivía en Cuba y Puerto Rico, se unió la revuelta generada en 1861 en la República Dominicana tras la firma del documento donde el presidente Pedro Santana revertía a la nación dominicana al estado anterior con España. Su propósito era protegerla ante futuras invasiones haitianas, pero su pueblo no lo admitió. Allí, a las Antillas, se enviarían dos batallones más de Infantería de Marina, que poco después serían incluidos en la expedición del general Prim a Veracruz, en el cercano México.

La Guerra Hispano-Sudamericana

Como represalia al asesinato de un español en la hacienda peruana de Talambo el 4 de agosto de 1863, España ocupó las islas Chincha. Esto provocaría que, tras aliarse Perú, Chile, Ecuador y Bolivia, comenzaran un nuevo conflicto contra su antigua metrópoli. Los combates navales de Papudo y Abtao fueron los dos más importantes de esta guerra, la cual finalizó tras el bombardeo de los puertos de Valparaíso en Chile y de El Callao en Perú por la escuadra de Méndez Núñez, el 31 de marzo y el 2 de mayo de 1866, respectivamente. En todas esas acciones destacaron por su eficacia los infantes de Marina de las guarniciones de los buques, los cuales fueron felicitados por sus comandantes.

Nueva independencia de la República Dominicana

De forma paralela, también se estaba llevando a cabo la Guerra de la Restauración Dominicana, desde que el revolucionario Santiago Rodríguez izara su bandera en el cerro de Capotillo. Allí combatieron tres batallones de Infantería de Marina dentro del Ejército de operaciones en Santo Domingo, desplegados en Montecristi, Samaná y Puerto Plata. En la batalla de Puerto Balandro se distinguió el cabo de Infantería de Marina Antonio Rosado Aruela, quien en un combate cuerpo a cuerpo dio muerte a uno de los principales cabecillas, apoderándose de su sable. Finalmente, tras dos años de lucha, la Corona española decidió que no le merecía la pena ese esfuerzo en recursos y hombres, y ordenó la evacuación del personal español de la isla de La Española. La República Dominicana volvía a ser independiente.

Nueva reestructuración del Cuerpo y la Gloriosa

En el Real Decreto de 20 de septiembre de 1865, el ministro de Marina Juan de Zavala redujo el Cuerpo de Infantería de Marina y lo dejó solo con cinco batallones tras eliminar el sexto. Tres años después, la Marina de guerra destinada en Cádiz inició la revolución conocida como la Gloriosa el día 13 de septiembre de 1868, ocasionando que Isabel II enviara al ejército del general Manuel Pavía hacia Andalucía para sofocarla. El enfrentamiento contra la columna rebelde de Prim, Juan Bautista Topete y Francisco Serrano, donde iba incluida toda la Infantería de Marina del Departamento gaditano, se produciría en Córdoba en el puente de Alcolea, no pudiéndose evitar la llegada de los revolucionarios hacia Madrid. Esto ocasionó que la reina se exiliara al extranjero, comenzando en España lo que se conoció como el Sexenio Democrático y el efímero reinado de Amadeo I de Saboya, primer rey de España elegido por un parlamento.

La Guerra de los Diez Años, los regimientos y el motín de Cavite

El 10 de octubre de 1868 se produjo en Cuba el Grito de Yara, que dio comienzo a la Primera Guerra de Cuba, o de los Diez Años. Para hacer a la Infantería de Marina más interoperable con el Ejército, el ministro de Marina Topete organizó a la Infantería de Marina en tres regimientos, el primero en San Fernando, el segundo en El Ferrol y el tercero en Cartagena. Enviaron a todo el regimiento ferrolano a esa Guerra de Cuba, el cual permaneció allí toda aquella década.

Además, en ultramar se organizaron dos compañías en Guinea Ecuatorial, una compañía en el apostadero de La Habana y dos batallones de tropa indígena en Filipinas. Estos soldados filipinos serían los que se amotinarían el 20 de enero de 1872 en el fuerte de San Felipe de Cavite al grito de "¡muera Castilla!", pasando a cuchillo a una decena de infantes de Marina peninsulares. Este motín, sin embargo, no tendría éxito, al conseguir los infantes de Marina del Arsenal rendir a los rebeldes tras asaltar el fuerte con dos cañones desembarcados de los buques. Tras esto comenzaría la creación de la Liga filipina, con claras aspiraciones independentistas.

La isla de Joló y la Tercera Guerra Carlista

El 11 de febrero de 1872 una escuadra de trece buques españoles, con toda la Infantería de Marina disponible en Filipinas, ejecutaron otra operación de castigo sobre la base principal de la piratería que operaba en el archipiélago, situada en la isla de Joló. Después de que la fuerza de desembarco destruyera los fortines de los piratas, en un rápido avance capturaron una gran cantidad de prisioneros, pacificándose de nuevo toda aquella zona.

Mientras, en la península ibérica, el 21 de abril de 1872 se volvieron a levantar en armas los partidarios del duque de Madrid, Carlos de Borbón, bisnieto de Carlos María Isidro y sobrino de Carlos Luis, los anteriores dirigentes del carlismo, comenzando la Tercera Guerra Carlista. Además, el 10 de octubre de 1872, más de dos mil republicanos gallegos tomaron el Arsenal de El Ferrol y proclamaron la República. Contra ellos se enfrentó el 2.º Batallón del 3.er Regimiento de Cartagena, que se encontraba allí destacado porque el regimiento ferrolano estaba todavía al completo operando en Cuba. Este batallón recibió la orden del gobernador militar de la ciudad de asediar el Arsenal, con lo que consiguieron la rendición de los insurrectos una semana más tarde.

La Primera República y el cantonalismo

Aun así, el 10 de febrero de 1873 el rey Amadeo I renunció al trono y un día después se proclamó la Primera República. Cuatro meses más tarde, los conocidos como los "intransigentes" abandonaron las Cortes alegando que no se estaba desarrollando la revolución radical que ellos esperaban, exhortando a la inmediata formación de cantones en pueblos y ciudades para asegurar la federalización del país. De esta manera fueron bastantes los cantones que se establecieron por toda nuestra geografía. Las fuerzas de Infantería de Marina participarían de diversas maneras en este nuevo conflicto. Mientras que las de Cartagena se levantaron en defensa de su cantón, tal como registraron los periódicos –"[…] ya se cuenta con la inexpugnable Cartagena con todos sus castillos, arsenales, parques, escuadra blindada, milicia ciudadana, marinería, un batallón de Infantería de Marina, el regimiento de Infantería Iberia, un batallón de movilizados y otras facciones […]"–, las de Cádiz permanecieron afines al gobierno, participando en la represión del movimiento cantonal gaditano que había impulsado entre su población el alcalde Fermín Salvochea, como también reflejó la prensa: "[…] secundando el movimiento iniciado en Cartagena, Sevilla y otras poblaciones, se proclama un Cantón Federal en Cádiz, libre e independiente […]". Finalmente, a lo largo de los meses siguientes esta corriente cantonalista sería totalmente suprimida, en algunos casos con bastante dureza, razón por la que muchos infantes de Marina cartageneros serían condenados por rebelión.

La campaña de Somorrostro

Mientras, la Tercera Guerra Carlista todavía continuaba en el norte de España. Allí el autoproclamado Carlos VII quiso tomar alguna plaza importante para debilitar a la República y, mediante chantaje, imponer de nuevo una monarquía absoluta personalizada en él mismo. Tras valorar varias opciones, el 21 de enero de 1874 se decidió asediar la ciudad de Bilbao con un total de 12 000 hombres y 8 cañones, ya que se consideraba más fácil de defender gracias a su ría y a las dos cadenas montañosas que la rodean.

Para levantar este asedio, el gobierno mandó al Ejército del Norte, al mando del general Domingo Moriones, compuesto por 22 000 hombres y 24 cañones. En él estaba incluido el 2.º Batallón del 1.er Regimiento de Infantería de Marina de San Fernando, del teniente coronel Joaquín Albacete Fuster. El 24 de febrero las fuerzas liberales atacaron las laderas del monte Montaño, núcleo principal del enemigo, siendo brutalmente rechazados, motivo por el que Moriones fue sustituido por el propio presidente del gobierno, el general Francisco Serrano. El 24 de marzo, después de aumentar a casi el doble el número de cañones y soldados, y tras descartarse un desembarco en la margen derecha de la ría como se hizo en la Primera Guerra carlista,

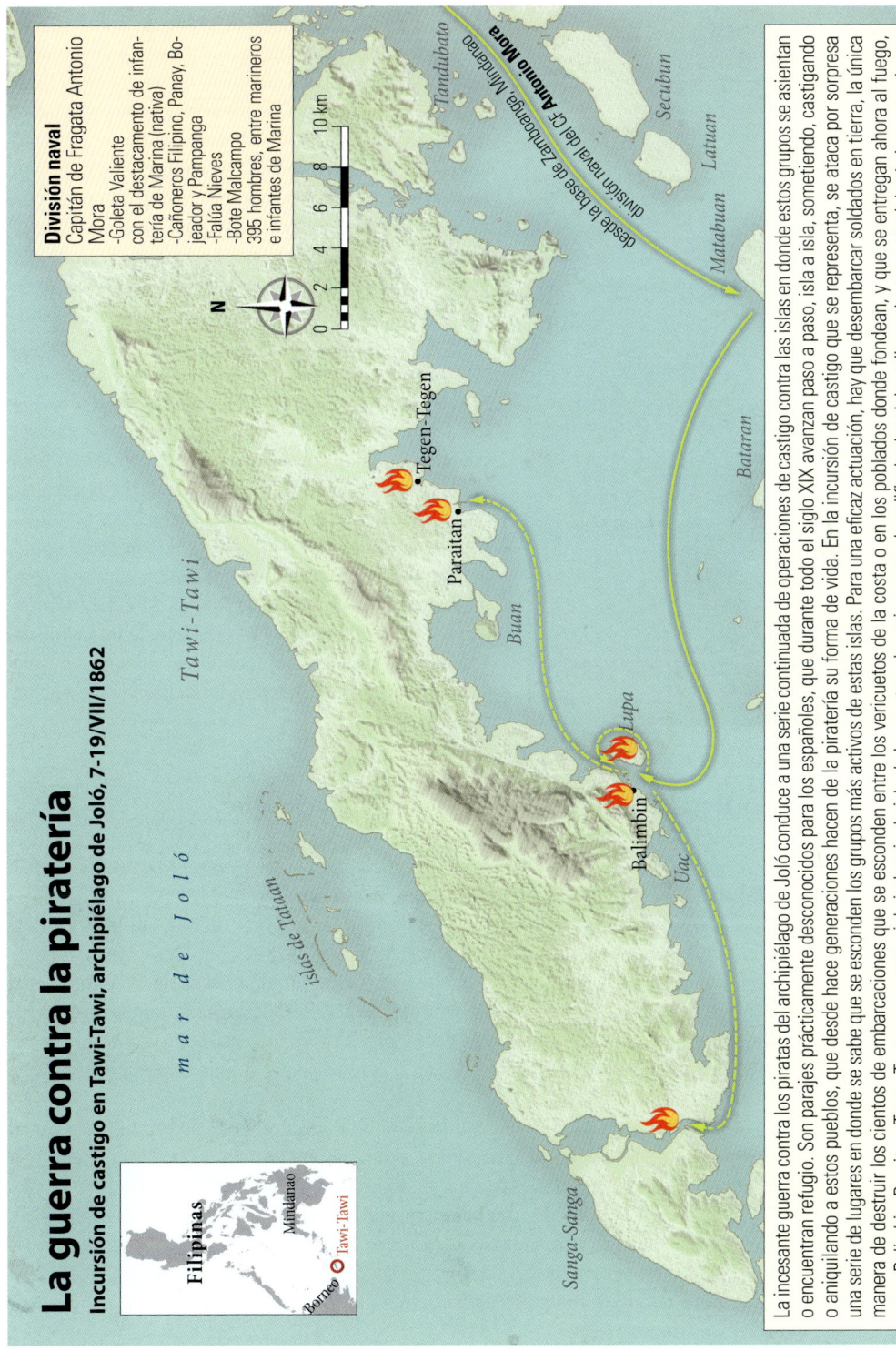

La guerra contra la piratería

Incursión de castigo en Tawi-Tawi, archipiélago de Joló, 7-19/VII/1862

División naval
Capitán de Fragata Antonio Mora
-Goleta Valiente con el destacamento de infantería de Marina (nativa)
-Cañoneros Filipino, Panay, Bojeador y Pampanga
-Falúa Nieves
-Bote Malcampo
395 hombres, entre marineros e infantes de Marina

0 2 4 6 8 10 km

N

Filipinas
Mindanao
Tawi-Tawi
Borneo

mar de Joló
islas de Tataan
Tawi-Tawi
Tegen-Tegen
Paraitan
Buan
Lupa
Balimbin
Uac
Sanga-Sanga
Bataran
Matabuan
Latuan
Secubun
Tandubato
desde la base de Zamboanga, Mindanao
división naval del C.F. Antonio Mora

La incesante guerra contra los piratas del archipiélago de Joló conduce a una serie continuada de operaciones de castigo contra las islas en donde estos grupos se asientan o encuentran refugio. Son parajes prácticamente desconocidos para los españoles, que durante todo el siglo XIX avanzan paso a paso, isla a isla, sometiendo, castigando o aniquilando a estos pueblos, que desde hace generaciones hacen de la piratería su forma de vida. En la incursión de castigo que se representa, se ataca por sorpresa una serie de lugares en donde se sabe que se esconden los grupos más activos de estas islas. Para una eficaz actuación, hay que desembarcar soldados en tierra, la única manera de destruir los cientos de embarcaciones que se esconden entre los vericuetos de la costa o en los poblados donde fondean, y que se entregan ahora al fuego, como Balimbin, Paraitan, Tegen-Tegen y, con especial virulencia, la isla de Lupa, atacada varias veces. Las dificultades del medio, en buena parte laberínticos manglares, los bajíos y la propia jungla, hacen que en este tipo de operaciones sea difícil capturar, o abatir, al enemigo, que normalmente tiene tiempo de escapar hacia el interior y de ponerse a salvo. Los combates, si los hay, son de baja intensidad, pues la potencia de fuego y movilidad de las cañoneras, así como el moderno armamento de marineros e infantes de Marina, disuaden a la mayoría de cualquier tipo de resistencia. La operación se suspende cuando se reclama a la división naval desde Mindanao.

Corneta y soldado de Infantería de Marina en uniforme de gala en formación hacia 1861-1862, tras la sustitución de las dragonas metálicas por unas hombreras de paño. Nótese la introducción de la levita en sustitución de la casaca empleada hasta mediados del siglo XIX.
© New York Public Library Digital Collections

se inició un asalto a través del valle de Somorrostro. El objetivo principal fue la fortificada población de San Pedro Abanto, situada justo en medio de la línea carlista. Tras tres días de tremenda lucha, se cuenta que el teniente coronel Albacete Fuster se presentó al general Serrano y le dijo: "Excelencia, me permito presentarle mi decidido compromiso para entrar con mi batallón en San Pedro Abanto", ordenándole el general ir en vanguardia del Cuerpo de Ejército del general Primo de Rivera. Tras conquistar el caserío de Murrieta, en una brillante carga a la bayoneta en la noche del 27 de marzo, el pueblo fue tomado, cayendo un tercio de ese batallón de Infantería de Marina. Por esta acción heroica, se le concedió a esta unidad la Cruz Laureada de San Fernando colectiva, condecoración que hoy sigue portando en formato corbata la bandera de su unidad heredera, el Tercio del Sur. Al mes siguiente, el 28 de abril, tuvo lugar la última batalla de Somorrostro en el collado conocido como el paso de las Muñecas, la cual fue la definitiva para conseguir levantar el sitio de Bilbao. Ahí demostraron su valía las fuerzas del 3.er Regimiento de Infantería de Marina de Cartagena, al mando del teniente coronel Manrique de Lara, dándose por finalizada esta cruenta campaña.

La Restauración borbónica y la pacificación

El 29 de diciembre de 1874, con el pronunciamiento del general Martínez Campos se restauró la monarquía de los Borbones, personificada en el rey Alfonso XII, hijo de Isabel II. Una de sus primeras decisiones fue terminar de una vez con los dos conflictos que aún estaban en curso, el carlista y el de Cuba. Una guerra cubana donde estaba participando eficazmente una curiosa unidad del cuerpo, denominada extraoficialmente "Caballería de Marina". Esta estaba formada por unas guerrillas montadas que se empleaban para golpes de mano, así como para tareas de reconocimiento o de protección de las columnas a pie, y que daban un resultado extraordinario.

Con respecto a la contienda carlista, el 5 de julio de 1875 se produjo el ataque definitivo a la localidad de Cantavieja, donde se encontraba el cuartel general del enemigo. Allí se distinguiría con valentía el 1.er Batallón del 1.er Regimiento de Infantería de Marina, cuyo teniente coronel, Segundo Díaz de Herrera, murió al frente de sus hombres tras tomar parte activa en el asalto final. La conquista de este punto crítico ocasionó que se desmoronara poco a poco todo el frente, hasta que, en febrero de 1876 finalizaba esta cruenta guerra civil tras la huida de Carlos VII por los Pirineos.

Y en relación con Cuba, poco después de que el inspector general del cuerpo, el mariscal de campo José María Montero y Subiela, enviara un séptimo batallón de Infantería de Marina para reforzar al regimiento que operaba en Cuba desde hacía ya casi una década, el 10 de febrero de 1878 se firmó la Paz de Zanjón en la que los insurrectos mambises reconocían al gobierno de Madrid como máxima autoridad en la isla, finalizando así también esta guerra.

La Guerra Chiquita

Pero la paz en Cuba no duraría mucho, ya que el 26 de agosto de 1879, un tal Calixto García volvió a alzarse en armas, comenzando así de nuevo las confrontaciones en un conflicto que se conoció como la Guerra Chiquita. Al sector de Guantánamo y Matanzas se enviaría a la Media Brigada de Operaciones del coronel de Infantería de Marina Sáez de Miera. El episodio más brillante en este conflicto para el cuerpo sucedió en el mes de marzo de 1880, cuando la compañía del capitán Manuel Puyou Dávila resistió durante tres días en la Loma de la Doncella el incesante ataque de un enemigo muy superior. Sería recompensado con la Cruz Laureada de San Fernando individual porque, a pesar de tener dos heridas muy graves, continuó dirigiendo con brío la defensa, mientras animaba con su ejemplo a los suyos y rechazaba todas las peticiones de capitulación. En el mes de septiembre de ese mismo año todos los dirigentes mambises fueron derrotados, finalizando así esta segunda guerra cubana.

La Academia General Central y la reforma de 1882

Paralelamente, se produjo en el cuerpo otro hito de enorme importancia cuando el propio rey Alfonso XII inauguró en San Fernando la Academia General Central el 29 de octubre de 1879, lo que suponía que la Infantería de Marina contaba con un centro de formación específico donde unificar todos sus estudios, mejorándose así en calidad. Su primer director fue precisamente Joaquín Albacete Fuster, ya con el empleo de coronel.

El cuerpo conocería en esos años uno de sus momentos más importantes tras la reforma del 26 de junio de 1882 del ministro de Marina Francisco de Paula Pavía, llamada precisamente "reorganización de la Infantería de Marina". En ella se amplió su entidad hasta tres brigadas de dos regimientos, una en cada Departamento Marítimo. Tenían una configuración parecida a las del Ejército, por si, como se describía en la "triple" misión dada en este documento, debían operar integradas en sus unidades:

> [...]reforzar las guarniciones de los buques al número necesario para llevar a cabo desembarcos y demás operaciones militares sobre las costas; guarnecer los Departamentos y Arsenales; y concurrir, si necesario fuera, a operaciones con las fuerzas del Ejército, bien en ultramar o en la península [...].

Las islas Carolinas

Ante la evidente intención de los imperios alemán y británico de apoderarse de las islas Carolinas, el 19 de enero de 1885 se decidió establecer una guarnición fija de infantes de Marina en aquellos remotos territorios del Pacífico español. Por desgracia, no serían bien acogidos por sus habitantes, acostumbrados a que desde su descubrimiento nunca hubiera existido allí ocupación militar alguna. El hecho más trágico se produciría el 3 de julio de 1887, cuando en la ciudad de Santiago de la Ascensión se sublevaron violentamente los indígenas, asesinando al gobernador español y a todos los infantes de Marina de la guarnición. Tras tener noticias de esta crueldad, el gobierno volvió a ocuparla por la fuerza, enviando desde Filipinas una expedición de entidad superior que, además de reconstruir todo lo que se había destruido, levantó un sólido fortín que hoy se conoce como el Spanish Wall. A partir de ahí el archipiélago viviría en paz, a excepción de algunas escaramuzas con los insurgentes canacos, donde la más importante fue la que desembocó en la batalla de Metalanim, de algunos años más tarde, donde los infantes de Marina se distinguieron en la conquista de las fortificaciones de Ketán, apoyados desde la mar por los buques de la Armada.

Subteniente de Infantería de Marina hacia 1870, en uniforme de diario fuera de servicio, contexto en el que se permitía llevar la levita abierta, mostrando el chaleco. Obsérvese que la divisa del subteniente (hoy alférez) es la que se usó de 1866 a 1864, una estrella de ocho puntas con un galón en ángulo.
© Jesús Campelo Gainza

Rivas Pérez

En la madrugada del 1 de noviembre de 1885, el soldado de Infantería de Marina José Ramón Rivas Pérez, mientras estaba de centinela dentro del Arsenal de Cartagena, fue atacado por catorce individuos de ideología republicana. En el forcejeo fue herido de gravedad, pero su actuación impidió la toma del Arsenal, una instalación clave en los planes de los asaltantes. Por su heroica conducta y por el valor con el que defendió su puesto, fue recompensado con la Cruz Laureada de San Fernando individual.

Más privilegios y nuevas reformas

Tras la prematura muerte de Alfonso XII el 25 de noviembre de 1885, comenzó la regencia de María Cristina. Esta reina firmaría la Real Orden de 9 de marzo de 1886, por la que se le concedió a la Infantería de Marina los privilegios de "[…] ocupar en campaña el puesto de mayor peligro, el de extrema vanguardia en los avances y el de extrema retaguardia en las retiradas; ir a la cabeza de las columnas de desembarco, cubriéndolas con sus guerrillas y estar siempre en la primera línea de choque […]". Parte de estos ya estaban en uso, tras haber sido concedidos por Carlos III de resultas de la defensa del castillo del Morro de La Habana.

Pocos meses después se volvió a reestructurar el cuerpo, mediante la reforma del ministro de Marina José María Beránger del 30 de abril de 1886. A los anteriores tres regimientos les sustituirían seis tercios formados por cuatro brigadas de entidad compañía, dos en cada Departamento. Por su parte, en Madrid se creó la Brigada de Infantería de Marina en la Corte, tras verse la necesidad de destinar allí a una unidad permanente del cuerpo como seguridad del Ministerio de Marina, ya que hasta entonces solo se mandaban destacamentos temporales. En Cuba y Filipinas quedó una compañía en cada Arsenal y, tras el Real Decreto de 7 de julio de 1892, se autorizaron en ultramar los llamados Batallones de Voluntarios de Infantería de Marina, dirigidos por mandos peninsulares. El más conocido fue el Batallón de Cienfuegos, que combatió heroicamente en muchos escenarios.

El 16 de febrero de 1893, un posterior ministro de Marina, el almirante Pascual Cervera, reorganizó de nuevo el cuerpo en tres tercios, configurados otra vez según los estándares del Ejército, con seis compañías, más dos en Filipinas y una en Cuba, suprimiendo la del ministerio.

Apenas cinco meses más tarde, el 5 de julio de 1893, el ministro de Marina Manuel Pasquín realizó otra reforma, determinando incluso la clausura total de la Academia General Central. Los tercios pasaron a llamarse de nuevo regimientos, con dos batallones cada uno. El 1.er Regimiento en San Fernando, el 2.º en El Ferrol y el 3.º en Cartagena, más una compañía en cada Arsenal, otra para el Ministerio en Madrid, otra en Cuba y dos en Filipinas.

A pesar de estas frecuentes reestructuraciones, no puedo concluir este artículo sin reseñar el comentario que haría durante esta última década del siglo XIX el diputado de las Cortes Emilio Hediger Oliva, quien, aparte de poner en valor la existencia del cuerpo, resumía a la perfección lo que habían vivido los infantes de Marina en esta difícil época:

Interesante estampa de un soldado de Caballería de Marina hacia 1895-1898, es decir, un infante de Marina montado a caballo para el desempeño de tácticas de guerrilla y descubierta en Cuba, práctica inaugurada ya durante la Guerra de los Diez Años (1868-1878).
© Oficina de Conservación Histórica de la Infantería de Marina

Su actual organización o, mejor dicho, constitución, lo hacen un Cuerpo no privilegiado, sino distinguido. Es decir, como dirían militares chapados a la antigua, un Cuerpo de preferencia. Siempre listos y dispuestos para embarcar por unidades completamente organizadas para las más lejanas regiones del globo y ser los primeros de quien el Gobierno puede disponer para llevarlos a nuestras provincias ultramarinas para defender la integridad de la Patria. Desde la última organización ha adornado con más laureles sus gloriosos estandartes en África, Méjico, Cochinchina, Pacífico, Cuba y Guerra Civil, y su conducta ha sido más que apreciada en todas partes.

Así lo demostrarían poco antes de que acabara esta centuria, en los territorios españoles de Cuba, Filipinas y Puerto Rico. ■

De ultramar a la Segunda República

Adolfo Morales Trueba

El periodo que recorre España entre finales del siglo XIX y la Guerra Civil conforma una etapa de profundos cambios en la que nuestro país perdió la proyección ultramarina hacia América, Asia y Oceanía, y completó su giro exterior hacia el mar Mediterráneo, con su extensión a África. Las Fuerzas Armadas y la Infantería de Marina no fueron ajenas a ello, como tampoco a la evolución política que pasó del periodo de la Restauración a la Dictadura primorriverista y terminó con la Segunda República.

Tras un tiempo donde se había explotado notablemente su tradicional papel como fuerza expedicionaria y colonial, y el envío de unidades a las principales empresas navales que proyectaron nuestro poder en Cuba, la Guerra de África, México, la Cochinchina, Santo Domingo, Guinea o Puerto Rico, el Cuerpo de Infantería de Marina afrontó la última década del siglo XIX con una nueva transformación, y un real decreto del año 1893 redujo su organización y efectivos para ahorrar recursos económicos, al tiempo que paradójicamente reconocía su enorme importancia en las circunstancias de entonces.

De aquella manera pasó a estar organizado sobre tres regimientos principales con bases en Cádiz (1.º), El Ferrol (2.º) y Cartagena (3.º). Cada uno estaba formado a su vez por dos batallones de cuatro compañías cada uno. Complementando a estas tres unidades principales, se encuadraban tres compañías de seguridad en los Arsenales peninsulares y una compañía en la Corte basada en Madrid, dos compañías en Filipinas, una compañía en La Habana y otra en Guinea Ecuatorial. Además, se mantenían también efectivos y unidades menores como parte de la dotación de los buques y un cuadro de Reclutamiento, Depósitos y Reservas en cada Departamento Marítimo. Un total aproximado de catorce mil efectivos para afrontar el Desastre del 98 y el cambio de siglo.

A partir de mediados de esa última década del siglo XIX y hasta 1936, los infantes de marina cumplieron sus cometidos en los cinco continentes. Combatieron en Cuba y Filipinas, en tierra y en la mar, actuaron en muchas ocasiones en el norte de África, sostuvieron la soberanía en Guinea o las islas Carolinas, y trabajaron como fuerza expedicionaria en múltiples y singulares actuaciones. Un enorme desafío que en muchos casos tuvo los mismos protagonistas, en movimiento de un escenario a otro.

Pero a pesar de todo ello, su necesidad fue cuestionada, se discutió su integración en el Ejército y, tras el fracaso británico en Galípoli (1915), incluso se puso en duda su función anfibia. Con el éxito del desembarco de Alhucemas (1925) el cuerpo recuperó esos cometidos, pero terminó el periodo declarado a extinguir por el régimen republicano, volviendo a cobrar protagonismo al comenzar la Guerra Civil. Fue un periodo muy convulso, en el que la realidad, las necesidades y la manera ágil y flexible con que podía hacerles frente impusieron al propio Cuerpo de Infantería de Marina sobre todas las dificultades.

En Cuba

El estallido de la última Guerra de Cuba en 1895 provocó que las unidades de Infantería de Marina se vieran incluidas en una proporción singular entre las fuerzas enviadas desde la Península para hacer frente a la insurrección, y opera-

El soldado **ANTONIO CANCELA**, del **2.º REGIMIENTO DE INFANTERÍA DE MARINA**, recarga su fusil máuser 7,65 mm durante la encarnizada **DEFENSA DE LA VÍA FÉRREA ENTRE GIBARA Y HOLGUÍN** (1895), en el marco de la Guerra de Cuba (1895-1898). Ampliamente superado en número junto a José Rama, su compañero de armas, ambos se dejarían la vida en esta acción, no sin antes hacer pagar un alto precio en muertos y heridos a sus enemigos rebeldes. Nuestro valeroso e infortunado protagonista viste el característico uniforme rayadillo empleado en ultramar, si bien con una distintiva banda azul marino en el lateral del pantalón, que permite identificarle como infante de Marina. © José Luis García Morán

El sargento de Infantería de Marina Marín posa para la cámara como miembro de la Caballería de Marina durante la Guerra de Cuba. Destacan en su panoplia, no solo la carabina de caballería y las botas de montar, sino, muy especialmente, el amplio machete empleado por las guerrillas montadas de ambos bandos. © Oficina de Conservación Histórica de la Infantería de Marina

ran allí durante los más de tres años de guerra que se iniciaban entonces. Todos los regimientos habían combatido anteriormente en ultramar y la tarea no les era desconocida.

Desde ese 1895 se enviarían a la isla de nuevo hasta cuatro batallones expedicionarios, con sus posteriores relevos y reposiciones de personal. Cada regimiento organizó uno de ellos sobre la base de sus segundos batallones, y el cuarto se formó sobre el 1.er Batallón del 1.er Regimiento. Rondaron en torno a novecientos efectivos cada uno, organizados inicialmente en seis compañías. Solo el 3.er Regimiento llegó a enviar a Cuba durante los tres años de guerra cerca de mil ochocientos hombres en sucesivos reemplazos.

Junto a estas fuerzas se constituyeron también en la isla de Cuba una serie de unidades de voluntarios que establecieron alguna suerte de adscripción al cuerpo, como en el caso del Batallón de Voluntarios de Infantería de Marina de Cienfuegos, los Tercios de Voluntarios de Infantería de Marina de Casablanca y Caibarién y, al menos, una sección en Batabanó, cuya naturaleza miliciana los mantenía muy lejos de una pertenencia y dependencia formal del cuerpo, y su vinculación era únicamente simbólica y testimonial, funcionando como fuerzas auxiliares para las diferentes operaciones militares realizadas en su zona.

Los batallones del 2.º y 3.er Regimientos de Infantería de Marina fueron destinados a la zona de Holguín en la provincia de Santiago de Cuba, mientras que los dos batallones del 1.er Regimiento combatieron en las provincias de Pinar del Río, La Habana, Matanzas y Santa Clara. Una vez allí se integraron con las fuerzas del Ejército y se les asignaron los mismos cometidos: guarniciones en las trochas, vigilancia y seguridad en los convoyes y posiciones sensibles, combate contra las guerrillas cubanas, etc. Estuvieron equipados con el fusil alemán máuser de 7,65 mm y se les dotó con el uniforme de rayadillo, como el resto de las fuerzas españolas. Como curiosidad, durante su despliegue en Cuba, las fuerzas de Infantería de Marina organizaron una suerte de unidades de caballería denominadas guerrillas montadas formadas por entre una y dos secciones. Cada uno de los cuatro batallones expedicionarios dispuso de una de ellas, uniformadas con sombrero de jipijapa y armadas con tercerola rémington y machete grande. Fueron unas unidades muy activas que se distinguieron en acciones menores.

Los infantes de Marina desplegados en Cuba participaron y se destacaron en numerosos combates, como en el caso de los soldados del 2.º Regimiento, José Rama y Antonio Cancela, que defendieron hasta la muerte una posición sobre la vía férrea situada entre Gibara y Holguín frente a una fuerza muy superior y causaron notables bajas al enemigo; sus cuerpos se hallaron rodeados de casquillos e insurrectos caídos. Y junto con las unidades que desplegaron y combatieron en tierra, hay que recordar cómo los buques de la Escuadra de Cervera también contaban en sus dotaciones con infantes de Marina, que servían en sus piezas ligeras y actuaban como cabeza de las columnas de desembarco, a las que cubrían con sus guerrillas. Una parte de ellos permanecieron a bordo y combatieron en la mar en la batalla de Santiago, y muchos otros desembarcaron con las compañías que a las órdenes del capitán de navío Joaquín Bustamante lucharon junto al Ejército en las Lomas de San Juan frente al desembarco estadounidense. Después de tres años de guerra, casi novecientos infantes de marina habían fallecido en Cuba, la inmensa mayoría como consecuencia de enfermedades.

En Filipinas

Mientras lo anterior sucedía en Cuba, en Filipinas la situación no era distinta. El 23 de julio de 1896, Andrés Bonifacio inició la insurrección con lo que se conoció como el grito de Balintawak. Como consecuencia del deterioro de la seguridad, las fuerzas de Infantería de Marina que estaban destinadas en Manila se reorganizaron y constituyeron un batallón de Infantería de Marina conocido como el Batallón de Filipinas, formado por cuatro compañías que sumaban más de setecientos efectivos.

En el mes de agosto, mientras el Ejército empezaba a preparar en España los batallones de cazadores expedicionarios que iban a enviarse para reforzar las fuerzas del archipiélago, se ordenó al 1.er Regimiento de Infantería de Marina alistar urgentemente un batallón expedicionario que iba a constituir el primer refuerzo militar enviado desde la Península. Partió el 4 de septiembre a bordo del vapor Cataluña con más de novecientos hombres, muchos de los cuales aún no habían siquiera completado su formación, y a su llegada se unió al Batallón de Filipinas formando un regimiento que se puso a las órdenes del coronel Juan de Herrera. El 14 de septiembre saldría de Cartagena a bordo del vapor Antonio López un segundo batallón expedicionario, con cerca de ochocientos efectivos, y el 27 de noviembre un tercero a bordo del vapor San Fernando, ya con mil cien infantes de Marina organizados en ocho compañías. Estos dos últimos, cuya organización se llevó a cabo en Cartagena, formarían el 2.º Regimiento de Infantería de Marina en Filipinas, a las órdenes del coronel del cuerpo, Fermín Díaz.

Del primero de los batallones llegados al Pacífico desde España se destacaron rápidamente dos compañías a las islas Carolinas, en Oceanía, donde se convertirían en las últimas unidades de Infantería de Marina que operarían en ultramar, repatriadas en noviembre de 1899 tras la venta de estos dominios a Alemania. El resto de la fuerza permanecería en Filipinas, donde combatiría con intensidad en numerosos lugares y ocasiones. Hasta 1898 destacaría su participación en la batalla de Noveleta el 10 de noviembre de 1896, cuando una columna que se dirigía de Binacayán a Cavite integrada por dos de los batallones de Infantería de Marina y el 73.er Regimiento del Ejército fue atacada por los rebeldes tagalos. Para que pueda verse la dimensión del combate de esta columna, mientras en el desastre naval de Cavite los muertos no

Sargentos de Infantería de Marina destinados en Filipinas hacia 1897, identificables por las divisas de tres y dos bandas (sargento primero y segundo) de sus mangas, así como por la consabida banda azul marino de sus pantalones de rayadillo. © Oficina de Conservación Histórica de la Infantería de Marina

alcanzaron los ochenta, solo ese día las unidades del cuerpo tuvieron más de ciento veintidós bajas entre muertos y heridos, entre ellos el teniente coronel Marcelino Muñoz y el comandante Manuel Baturone, caídos al frente de sus batallones.

En 1898 la situación se complicó aún más, y la intervención estadounidense acompañó un recrudecimiento de los combates, y con ellos los hechos heroicos y singulares. Por ejemplo, el 30 de mayo de 1898, cuando los efectivos de una compañía de Infantería de Marina sitiada en Imus trató de quemar una de las casas desde la que provenía el ataque más intenso. Para realizarlo se presentó voluntario el sargento Antonio Padrós Pagés, quien provisto de una lata de petróleo saltó el parapeto sobre el que caían los disparos enemigos y logró heroicamente su propósito. Su cuerpo apareció más tarde torturado en el pueblo de Paombong. Fue propuesto para la Cruz Laureada de San Fernando, pero no se le concedió por haber llegado la solicitud fuera del plazo marcado por el reglamento de la Orden.

También hay que recordar cuando el día 1 de junio de 1898, una sección de Infantería de Marina custodiaba el Puente Banalo, cerca de Bacoor, y fue atacada por fuerzas muy superiores. En aquel momento parte de los soldados filipinos que servían en las fuerzas españolas se pasaron al enemigo tirando al agua las municiones, ante lo que la unidad, al mando del teniente Ambrosio Ristori hubo de resistir combatiendo a la bayoneta. Ristori perdió un brazo, y ganó la Laureada de San Fernando. Tras el fin de la guerra con la firma del Tratado de París, las fuerzas de Infantería de Marina fueron repatriadas de ultramar y regresaron a España después de años en una guerra, en la que se distinguieron como hasta ese momento habían hecho a lo largo de toda su historia anterior.

En Guinea Ecuatorial

En paralelo al relato de la historia del cuerpo en España y las colonias del Caribe y el Pacífico, se desarrolló un singular capítulo en Guinea Ecuatorial. Desde 1869 y hasta comienzos del siglo XX el cargo de gobernador allí fue ejercido de forma continuada por un oficial de la Armada, y en ese tiempo la fuerza militar española sobre el territorio fue la Infantería de Marina, hasta su retirada y sustitución por la nueva Guardia Colonial en 1908. Se encargó principalmente de ejercer la soberanía, pero también de muchos otros cometidos, llegando a tener desplegado en permanencia hasta un batallón. En aquellos tiempos, el conflicto de límites existente con las colonias francesas centraban la preocupación de las autoridades en Guinea, y las incursiones vecinas en aguas y territorio español fueron un permanente desafío para nuestras unidades.

Tras los acuerdos de París de junio de 1900, por los que finalmente se definieron los límites entre las posesiones de ambas potencias, los franceses realizaron una entrega simbólica de Bata y la parte del territorio continental que quedó asignado a España. La Infantería de Marina fue precisamente la fuerza encargada de formalizar la recepción de la soberanía.

En Guinea, los infantes de Marina ejercieron muchos y variados cometidos, a la vez que hicieron frente a los múltiples levantamientos indígenas. En los años previos a 1898, custodiaron insurrectos filipinos y cubanos que fueron deportados allí, y ya a partir del establecimiento efectivo en el territorio continental, fue preciso realizar diversas expediciones de penetración para consolidar la soberanía española y reforzar la seguridad y la lealtad de los diversos jefes tribales.

Los ataques de rebeldes pamues fueron un continuo quebradero de cabeza, que obligó a combatirlos una y otra vez. Por ejemplo, cuando el capitán Colombo dirigió en 1903 una nueva expedición al interior, hasta la frontera con Gabón, en persecución precisamente de estas tribus pamues hostiles para restablecer el orden, con quienes mantuvieron enfrentamientos a orillas del río Utongo. Con propósitos semejantes se realizaron muchas más operaciones en las que, entre otros, fue condecorado el teniente Gregorio Granados, quien también fue distinguido por elaborar dos interesantes obras tituladas *Memoria sobre el territorio del Río Benito* y *Memoria descriptiva de una expedición al interior de la Guinea Continental Española*.

Infante de Marina en uniforme de verano de rayadillo elaborado en algodón blanco, introducido en 1907, tocado con el sencillo gorro de cuartel –carente ya del ancla y del barboquejo– puesto en servicio en 1910. © Oficina de Conservación Histórica de la Infantería de Marina

Esos años, el despliegue del Batallón de Infantería de Marina quedó establecido, por un lado, con la compañía de Fernando Poo desplegada en Santa Isabel con un destacamento en Basilé, y la Compañía Continental, desplegada en Bata con destacamentos en río Campo, río Benito, Punta M´bonda, Calatrava-Elobey, N´-Gande, Punta Dickie, N´Dote, Saye, Bangani, Corisco y Asobla. En el comienzo del siglo quedan registradas las acciones de combate que el cuerpo lleva a cabo en múltiples lugares: Ebor, Ebaroitanga, Nkuku o Dongola, entre otros.

El entorno guineano era sumamente hostil para la salud de los europeos, y las bajas por enfermedad en la fuerza de Infantería de Marina alcanzaban cifras poco aceptables. Como consecuencia, con el comienzo del siglo se tomó la decisión de sustituir parte de los soldados de las unidades allí desplegadas por infantes de Marina indígenas, mucho más capaces y resistentes en el ambiente de clima tropical hasta una cantidad en que los españoles no superaran los cien. Finalmente, a partir de 1908 se decidió crear una Guardia Colonial para hacerse cargo de las tareas militares que hasta ese momento desempeñaba la Infantería de Marina. Con ello se ofreció la posibilidad a los miembros del cuerpo allí desplegados de pasarse a la fuerza recién creada, lo que hizo parte de los oficiales y la mayoría de los indígenas que servían en nuestras filas. Con el regreso en 1908 a territorio nacional de aquellos que eligieron volver, se llevó a cabo la disolución orgánica del contingente del cuerpo en Guinea.

Como epílogo de un periodo en el que fueron la única fuerza española que, desplegada por el territorio, hizo valer la autoridad nacional, el último jefe del contingente de Infantería de Marina allí dirigió el siguiente escrito al gobernador:

Compañía de Infantería de Marina en el Golfo de Guinea: Comandancia. Sr.-Cumpliendo con la disposición contenida en la real orden del ministerio de Marina del 31 de marzo último, y al embarcar para España el personal de la compañía que accidentalmente me he honrado mandando, cúmpleme expresar a V. E. el profundo sentimiento con que salimos de estas posesiones. Encomendadas a estas fuerzas durante largo tiempo, la representación armada de nuestra patria y enorgullecidos por ello, nada más natural que el

Los efectivos de la Compañía Continental de Infantería de Marina desplegada en Bata tras los acuerdos de París de 1900 posa al completo para la cámara en 1902, luciendo sus uniformes de formación con el preceptivo salacot blanco para el servicio en trópicos. © Oficina de Conservación Histórica de la Infantería de Marina

dolor de cesar en tan noble empeño, puesto que la satisfacción del exacto cumplimiento del deber hace olvidar sacrificios y abnegaciones pasadas [...] dirijo la despedida respetuosísima y llena de leal adhesión que interpreto en nombre de mis subordinados.

Sin embargo, la situación pronto iba a cambiar, y de nuevo sería necesario recurrir a la Infantería de Marina para emplearla como fuerza militar en Guinea. La Primera Guerra Mundial pronto se trasladó al continente africano, donde las potencias europeas enfrentadas desplegaban fuerzas en sus colonias. Este era el caso de Alemania, presente en Camerún desde 1884. En agosto de 1914, una fuerza aliada formada por belgas, franceses e ingleses invadió dicho territorio desde el Congo y Nigeria. Tras la caída de Yaundé en enero de 1916, las fuerzas alemanas se retiraron hacia la frontera de Río Muni. A comienzos de 1916, mil soldados y colonos alemanes, junto a quince mil áscaris y civiles cameruneses cruzaron la frontera española, principalmente a través del punto fronterizo de Rio Campo.

Para su control como fuerza armada, Francia y Gran Bretaña solicitaron la reclusión de los militares refugiados en campos de internamiento debidamente custodiados. Como consecuencia del deber de neutralidad, se envió desde Marruecos una compañía de Infantería de Marina del Regimiento Expedicionario del cuerpo desplegado en Larache, para la vigilancia y supervisión de las instalaciones que se organizarían al efecto. Esta compañía, al mando del capitán Rodríguez Delgado, se trasladó el 30 de

El Regimiento Expedicionario de Infantería de Marina destinado en Larache hacia 1915. Un año más tarde una compañía de esta fuerza sería enviada a Guinea Ecuatorial para hacerse cargo de custodiar el campo de prisioneros donde se internaron las tropas y civiles alemanes procedentes de Camerún, durante la Primera Guerra Mundial. © OFICINA DE CONSERVACIÓN HISTÓRICA DE LA INFANTERÍA DE MARINA

diciembre de 1916 a bordo del vapor correo Cataluña. Al poco de llegar a Guinea, se instalaron en un antiguo cuartel del cuerpo en Basilé y estuvo destacada allí hasta 1920. En Fernando Poo permanecieron internados sesenta oficiales y suboficiales, 5600 tiradores indígenas, y más de 10 000 *boys* [N. del E.: término con el que se denominaba a los nativos que realizaban el cometido de cargar la impedimenta, no solo de las fuerzas militares, sino también de los civiles desplazados], mujeres y niños.

En el norte de África

El regreso a España desde ultramar fue duro para todos los que habían combatido allí. También para los infantes de Marina. La pérdida de las colonias y el cuestionamiento político y social de su actuación planeó sobre muchos proyectos de reformas, y la Infantería de Marina no fue una excepción. El cuerpo se encontró con un nuevo pensamiento naval español que no lo contemplaba para un cometido anfibio y expedicionario, y en el marco de las reformas de Ferrándiz se redujo y reorganizó, limitando su entidad a los tres regimientos de dos batallones para prestar servicio en los buques, arsenales, puertos y establecimientos. Al margen, se contaría con una compañía que daría servicio al Ministerio de Marina y la unidad destinada en Guinea Ecuatorial.

Sin embargo, las necesidades iban pronto a chocar con los cometidos formales de las reformas de principio del siglo, de manera que ese carácter expedicionario iba a ser de nuevo requerido cuando menos se esperaba para apoyar los intereses nacionales. Los manejos franceses en Alcazalquivir y su ocupación militar de Fez, en una clara aproximación a la zona de influencia española, provocaron una reacción del gobierno de Canalejas, que ordenó con urgencia alistar un nuevo batallón expedicionario del cuerpo para intervenir en Marruecos. Este batallón, formado sobre la base del 1.er Regimiento con ochocientos efectivos y reforzado por una unidad de ametralladoras, embarcó rápidamente en el transporte Almirante Lobo al mando del teniente coronel Marcelino Dueñas, y en la noche del 8 al 9 de junio de 1911 desembarcó en Larache, logrando hacerse con su control en muy pocas horas en refuerzo del tabor de Policía indígena que se encontraba ya allí. Desde allí se unirían a las operaciones del Ejército, para pocos días después ocupar Alcazarquivir y Arcila.

Pocas semanas después, para reforzar este primer batallón expedicionario, en el mes de julio se alistó otro sobre la base del 3.er Regimiento que desplegó en la misma zona al mando del teniente coronel Manuel Vázquez de Castro. Y ya en diciembre de 1912, los dos batallones se integraron, con seis compañías cada uno, en lo que se denominó Regimiento Expedicionario. Este regimiento permaneció allí once años, participando en los múltiples combates y las operaciones que se realizaron en su área de responsabilidad, hasta que en el mes de agosto de 1922 recibió la orden de poner fin a sus servicios en África y regresar a España.

Volviendo al devenir general del cuerpo, Francia, cuya coyuntura era muy diferente a la española, en el año 1900 había decidido integrar su Infantería de Marina (*Troupes de Marine*) en el seno del Ejército como fuerza expedicionaria y parte de la organización de sus fuerzas coloniales, y esa referencia no pasó inadvertida en España, donde muchos políticos estaban ansiosos de realizar transformaciones que la sociedad interpretase como una reacción positiva a los desastres militares acaecidos a caballo del cambio de siglo. A pesar de los extraordinarios servicios que proporcionaba en aquel momento en España, Marruecos y Guinea, y con la referencia francesa, el almirante Augusto Miranda defendió en 1914 una aproximación parecida que pretendía convertir a los infantes de Marina en una fuerza expedicionaria dependiente del Ejército. Este proyecto fue aprobado en el Congreso de los Diputados, pero por fortuna poco después rechazado en el Senado y archivado.

Alhucemas y la recuperación del pensamiento anfibio

El desastre de las operaciones que siguieron al desembarco aliado en la península turca de Galípoli, sucedido durante la Primera Guerra Mundial, puso en cuestión la posibilidad de realizar un desembarco exitoso en una costa defendida. Y, con ello, este cometido y la propia existencia de las infanterías de Marina pasaron a discutirse en muchos países, con singulares excepciones que dedicaron notables esfuerzos a analizar la evolución necesaria en los medios y las tácticas a emplear en este tipo de operaciones, y que concluyeron en el desarrollo de un pensamiento anfibio moderno capaz de superar los desafíos de una de las operaciones militares más difíciles que existen, como fue el caso de los Estados Unidos y Japón. Curiosamente un infante de Marina español, el general Federico Obanos, había publicado en 1900 una obra titulada *Desembarcos pasajeros en tiempo de guerra* que permite calificarlo como un precursor en la formalización de lo que más adelante se entenderá como doctrina anfibia.

Llegados al año 1921, la situación en España era similar a la de muchos otros países. El material y los medios de desembarco habían sido apartados, la doctrina arrinconada y las fuerzas de Infantería de Marina desprovistas de un cometido anfibio formal. Ese mismo año, en los meses de verano se iba a sufrir lo que se conoció como el Desastre de Annual, en el que toda la Comandancia de Melilla se derrumbó en cuestión de semanas, y nuestras fuerzas sufrieron miles de bajas. En la reacción de los años posteriores, el Ejército acometió las operaciones dirigidas a recuperar el terreno perdido, pero el coste en tiempo y recursos, y la dificultad de avanzar por tierra hacia el centro de gravedad de la insurgencia rifeña, localizado en la bahía de Alhucemas, era enorme.

La identificación de la ocupación de Alhucemas como la clave del éxito para pacificar el protectorado no era nueva. Y poder realizarlo desde la mar se creía que era la operación más rápida y eficaz. Desde 1911 se venía valorando la posibilidad y planeando un desembarco allí, pero lamentablemente tanto el desastre anfibio en la Primera Guerra Mundial como la política que había llevado al ostracismo de las fuerzas y los medios mejor preparados para realizarlo no habían ayudado a acometerlo. A las puertas del Desastre de Annual nuestra Armada no contaba con medios especializados en el movimiento buque-costa, y cuando la caída de la Comandancia melillense fue un hecho, muchas cosas comenzaron a cambiar. La primera fue la decisión de adquirir veintiocho barcazas de desembarco del tipo K y casco de acero, construidas en Gran Bretaña en plena Gran Guerra. Un material que iba a ser clave si al final se decidía optar por un desembarco en la costa rifeña.

Finalmente, en 1925 se decidió realizar la operación desde la mar. Se organizó una fuerza de desembarco a cargo del general José Sanjurjo, organizada sobre la base de dos brigadas: una formada por unidades de la guarnición de Ceuta, bajo el mando del general Leopoldo de Saro, y otra por unidades de la guarnición de Melilla, bajo el mando del general Emilio Fernández Pérez. A pesar del éxito de su desembarco en 1911 en Larache, la escasez de fuerzas de Infantería de Marina, que además en aquel momento habían perdido prácticamente todo su adiestramiento anfibio, llevó a que únicamente pudiera incorporarse al contingente un batallón expedicionario con algo menos de ochocientos efectivos, organizado sobre cuatro compañías de fusiles y una de ametralladoras que se integraron en la columna de Fernández Pérez.

El esfuerzo principal del desembarco recayó en las unidades del Ejército de África, la suerte estuvo de la parte hispana y se lograron los objetivos, y con ellos el fin de la Guerra en Marruecos. Habían transcurrido años desde que la insurrección había puesto a España y sus fuerzas contra las cuerdas, y es bueno recordar aquí las palabras de un autor como José Miguel Quesada, quien en su obra *De Galípoli al Pacífico. La influencia del desembarco de Alhucemas en la recuperación del pensamiento anfibio* (Ministerio de Defensa, 2023) afirma:

> [...] resulta tentador especular con lo que habría podido suceder en 1921 a las puertas del desastre si entonces España hubiese tenido una unidad

específicamente adiestrada para la guerra anfibia y si ésta se hubiese desplegado sobre la costa de Alhucemas. Dotado de los medios más modernos de la época, reforzado con algunos centenares de soldados indígenas, y apoyado por el fuego de varias unidades de la Armada [...], un batallón de desembarco formado por infantes de marina [...] podría haber fortificado con relativa facilidad una cabeza de playa [...].

Algo que podría haber evitado todo lo que sucedió después.

Ejercicio de desembarco de la Infantería de Marina en la playa de Es Codolar (Ibiza), durante las maniobras navales ejecutadas en 1929. El Desembarco de Alhucemas (1925) supuso la reactivación de la doctrina anfibia tras el fiasco de Galípoli (1915).
© Oficina de Conservación Histórica de la Infantería de Marina

La Segunda República

Las lecciones aprendidas del éxito de Alhucemas, con sus aciertos y errores, y la visión sobre la realidad anfibia que estaban impulsando países como Estados Unidos y Japón, llevaron a la Armada a repensar el papel de sus unidades de Infantería de Marina, que a pesar de sus despliegues en Marruecos y Guinea continuaban formalmente centradas en funciones de seguridad a bordo y en tierra. Como consecuencia, a finales de los años veinte se volvió a plantear la necesidad de recuperar el cometido anfibio para la Infantería de Marina. En 1929 se realizaron unas maniobras navales en las que participó un batallón expedicionario organizado en El Ferrol sobre la base del 2.º Regimiento, reforzado con efectivos del 1.er Regimiento, al mando del teniente coronel Díaz Montero. Esta unidad constituyó una fuerza de desembarco en un ejercicio anfibio que se ejecutó en Ibiza, en cuyo escenario se simulaba el establecimiento de una base naval avanzada.

Con ese impulso se adquirió nuevo armamento, se reforzó la incorporación de personal, se participó en cursos realizados con el Ejército y dirigidos a entender del empleo de los nuevos sistemas de armas, se reforzaron las escalas con nuevos oficiales y suboficiales, algunos provenientes de promociones del Ejército y, por fin, en el marco de las reformas impulsadas por el ministro de Marina Salvador Carvia en 1930 el cuerpo recuperó el cometido de "cooperar en toda clase de desembarcos", además de continuar desempeñando el servicio militar de la Marina en departamentos, arsenales, polígonos y establecimientos de bases navales.

Lamentablemente, esta revitalización no tuvo tiempo de consolidarse. En abril de 1931 se proclamó la Segunda República, que en muy poco tiempo comenzaría una nueva reorganización de la Armada. Como consecuencia de ella, en julio de 1931 se declaraba la extinción del Cuerpo de Infantería de Marina con el argumento de que su función "no justificaba su oneroso sostenimiento". Sin embargo, si se revisa cuantitativamente el resultado de este propósito se puede ver como en ese año 1931 el coste previsto para el Cuerpo de Infantería de Marina en el total de los presupuestos del Ministerio de Marina no superaba el 1,8 %: 4,5 millones de pesetas, de los cuales 3,6 estaban destinados a sueldos del personal y 0,9 a gastos de material. A la luz de la escasa relevancia del recurso destinado al cuerpo, que el ahorro tampoco sería inmediato y que, dado que sus funciones eran necesarias, habría que seguir financiándolas, aunque no estuviesen a cargo de la Infantería de Marina, se puede afirmar que el razonamiento expuesto para declararlo a extinguir no era muy sólido y que tenía más que ver con la intención de mostrar voluntad política transformadora que con un ahorro efectivo real.

La realidad y las necesidades iban a imponerse, y a pesar de haber sido declarada a extinguir las unidades del cuerpo iban a ser sostenidas con nuevos efectivos de tropa de manera similar al periodo anterior.

Oficial de Infantería de Marina ataviado con el uniforme de campaña kaki introducido en 1913 para las fuerzas del Regimiento Expedicionario en África y, desde 1915, también para su uso en la Península. En 1924 se modificaría el diseño de la guerrera, reemplazada por una de cuello abierto con corbata y cerrada con cuatro botones. © OFICINA DE CONSERVACIÓN HISTÓRICA DE LA INFANTERÍA DE MARINA

Igualmente, el propio Consejo Superior de la Armada solicitaría en diversas ocasiones que se anulase su declaración de extinción y recuperasen sus funciones. A pesar de que estas peticiones fueron desoídas por los políticos, el comienzo de la Guerra Civil lo cambiaría todo. En el mes de noviembre de 1936, el gobierno republicano anularía la extinción del cuerpo y promovería su revitalización con una ley que dictaba: "[…] resaltar desde los primeros momentos el error cometido por la amputación verificada en los efectivos de dicho cuerpo […] y por ello se procede a impulsar nuevamente su crecimiento […]". Este espíritu sería igualmente acogido por el bando sublevado, que igualmente consolidaría la existencia de un cuerpo que proporcionaba unas capacidades navales esenciales a la Armada de un país eminentemente marítimo como el nuestro, al que la realidad volvía a imponer la necesidad de contar con una fuerza de Infantería de Marina. ∎

La barcaza K-23 de la Armada desembarca pertrechos y mulas de transporte durante las maniobras navales llevadas a cabo en 1929 en la playa de Es Codolar. © Oficina de Conservación Histórica de la Infantería de Marina

Un cuerpo que no se extinguió

La Infantería de Marina en la Guerra Civil

Roberto Muñoz Bolaños

Los *Diarios* de Manuel Azaña presentan un dato curioso: jamás mencionan a la Infantería de Marina. Este hecho significativo constituye una manifestación explícita de la insignificancia que este cuerpo tuvo durante el periodo republicano. Irrelevancia plasmada en la *Ley aprobando y ratificando con fuerza de Ley desde la fecha de su vigencia cómo Decreto, el de 10 de Julio del año actual, referente a la organización de la Marina militar, con las modificaciones que sé indican*, firmada el 24 de noviembre de 1931 por el ministro de Marina José Giral y publicada en la *Gaceta de Madrid* el día 27 de dicho mes, en cuyo artículo 51 podía leerse:

El Cuerpo de Infantería de Marina se declara a extinguir con las plantillas que se fijan. Los servicios encomendados a este Cuerpo se cubrirán con marinería seleccionada a su ingreso en el servicio, al mando de Oficiales militares que el Ministro designe, que tendrán en estos destinos la mayor estabilidad posible. Mientras existan Jefes y Oficiales de Infantería de Marina, serán éstos los que desempeñen los destinos asignados a este Servicio, que continuarán en su forma actual en tanto no se proceda a la substitución, cuyos detalles orgánicos se prevendrán mediante la reclamación oportuna.

Las plantillas fijadas en esta norma para el cuerpo eran las siguientes:

Empleo	Número
General de brigada	1
Coronel	1
Teniente coronel	4
Comandante	8
Capitán	17
Teniente	22
Alférez	Indeterminado

Esta decisión convirtió a la Infantería de Marina en residual cuando el 17 de julio de 1936 comenzó la sublevación militar que derivaría en el conflicto civil. En ese momento el cuerpo estaba integrado por:

Empleo	Número
General de brigada	1
Coronel	4
Teniente coronel	10
Comandante	31
Capitán	30
Teniente	34
Alférez	2
Total	**112**

Como señala Campelo Gainza (2022, pp. 61-62) con razón, a pesar del deseo de los gobiernos republicanos de extinguir este cuerpo, en ese momento sus plantillas

El (todavía) **CAPITÁN DE LA INFANTERÍA DE MARINA REPUBLICANA GINÉS SÁNCHEZ BALIBREA**, ataviado con el característico **UNIFORME DE CAMPAÑA** habitual entre los oficiales del Ejército de la República durante la Guerra Civil, consistente en una chaqueta de cuero, abrigo o, directamente, vestimentas civiles, sobre la que se cosía la galleta con la graduación. Nótese que esta conserva el emblema del ancla en lugar de la estrella roja del Ejército Popular, costumbre bastante extendida entre los mandos y tropas del cuerpo. Nuestro protagonista, uno de los cadetes que aceptó ser transferido a la Infantería de Marina durante los años veinte, tuvo una fulgurante trayectoria durante la contienda, que le llevaría a ascender hasta el rango de teniente coronel, empleo bajo el cual llegó a asumir el mando íntegro de la 34.ª División en 1938. © José Luis García Morán eran superiores a las que se habían marcado en 1931. Tal vez por eso, de los 112 solo 62 generales, jefes y oficiales estaban en activo y destinados en el Ministerio de Marina y en las bases navales de San Fernando, El Ferrol y Cartagena y la Compañía de Ordenanzas y Asistentes de Madrid, de acuerdo con el siguiente cuadro:

Empleo	Ministerio de Marina	San Fernando	El Ferrol	Cartagena	Madrid
General de brigada	1				
Coronel	1				
Teniente coronel	1	1	1	1	
Comandante	2	2	2	2	
Capitán	1	6	4	6	1
Teniente		9	11	6	2
Alférez		1	1		

Respecto a la composición de los otros integrantes del cuerpo, el *Anuario Estadístico de España. Año 1934* proporcionaba el siguiente dato correspondiente al 1 de enero de 1933: 1451 soldados y ayudantes en activo y 25 400 soldados en la reserva. La misma fuente, correspondiente al año 1936, establecía 1378 soldados y ayudantes en activo y 15 281 en la reserva. Los ayudantes (suboficiales) eran 112 (8 mayores, 18 primeros, 38 de 1.ª y 48 de 2.ª). Por tanto, se trataba de una fuerza insignificante en el panorama militar español en los prolegómenos de la Guerra Civil.

La Infantería de Marina ante la sublevación militar

Si el hecho de que no se citara a la Infantería de Marina en los *Diarios* de Azaña ni una sola vez resulta lo suficientemente significativo para comprender la futilidad de este cuerpo durante el periodo republicano, la no mención a ningún general, jefe u oficial perteneciente al mismo por parte del ayudante del general de brigada Emilio Mola Vidal –el comandante de Infantería Emiliano Fernández Cordón– en los documentos "referentes a la preparación y desarrollo del Alzamiento Nacional", que entregó al Servicio Histórico Militar en 1946, refleja la nula participación de sus miembros en la preparación de la sublevación que estalló en julio de 1936. El resultado de esta ausencia, unida a su escasa importancia numérica, fue que las unidades de la Infantería de Marina no fueron decisivas en los primeros momentos de la sublevación en ninguna de las provincias donde estaban acuarteladas. No obstante, sí contribuyeron a afianzar la tendencia dominante en esos territorios.

En Madrid donde la sublevación estaba condenada al fracaso, como reconoció Fernández Cordón, el jefe de la sección de Infantería de Marina general de brigada Rafael Moratinos de Río decidió optar por una actitud "prudente", no comprometiéndose con los militares rebeldes. Esta decisión le permitió salvar la vida, aunque el 21 de agosto quedo en situación de "disponible forzoso". Un año después, el 20 de agosto de 1937, al cumplir la edad reglamentaria, pasó a la reserva. Sin embargo, tras la entrada de los sublevados en Madrid, fue incluido en el escalafón de nuevo y quedó en situación de primera reserva el 2 de septiembre de 1939. El 18 de enero del año siguiente el ministro del Ejército, el teniente general José Enrique Varela, le concedió la Gran Cruz de San Hermenegildo, que llevaba aparejada una pensión anual de 2500 pesetas (el equivalente a 34 678 € de 2024 en términos de renta), como reflejaba el *Diario Oficial del Ministerio de Marina* del día 27 de dicho mes. Moratinos del Val quedó así incluido en el bando de los vencedores. Una posición similar tomó el jefe de la Compañía de Ordenanzas y Asistentes, el capitán Fernando de la Cruz Lacaci, que inicialmente simuló colaborar con el Gobierno republicano,

Un pelotón de Infantería de Marina, en uniforme de gala, rinde honores al general Francisco Franco en su visita a la escuadra sublevada en Vinaroz, en mayo de 1938, en pleno conflicto civil. © Biblioteca Nacional de España

Jura de bandera de los alféreces provisionales de la Infantería de Marina del bando sublevado en San Fernando (Cádiz), antes de su incorporación a sus unidades de destino. © ARCHIVO TERCIO DE ARMADA

hasta el extremo de que sucedió a Moratinos del Val cuando fue destituido en agosto, pasándose poco después a la Zona Rebelde. Alcanzaría el empleo de general de brigada el 25 de noviembre de 1965, como reflejó el Boletín Oficial del Estado (BOE) del 6 de diciembre.

Otros jefes y oficiales destinados en Madrid no corrieron la misma suerte que ellos. El coronel Adolfo del Corral Albarracín, el teniente coronel José de Labra Vivanco, los comandantes Antonio Auñón Comes, Fernando Casares Sánchez, José Núñez de Castro Ruiz, Manuel Pérez Peña, José María Reus Martínez de Velasco; los capitanes José Cunquerella Moscardó y Balbino Montero Olmedilla, y el teniente Manuel Torralbo Marín, acusados de connivencia con los sublevados, fueron asesinados en los primeros días del conflicto o en las numerosas "sacas" que tuvieron lugar en los meses siguientes. Resulta curioso que en el expediente de Del Corral, fusilado el 5 de noviembre, sito en el Causa General (216, expediente 35), se incluyeran un conjunto de diligencias fechadas a partir del 9 de diciembre en las que se puede leer: "se ignora dónde puede hallarse en la actualidad" el detenido.

Por el contrario, otros miembros de la Infantería de Marina se comprometieron de forma inmediata con el gobierno del Frente Popular. El más destacado fue el ayudante del ministro de Marina José Giral, el comandante Ambrosio Ristori de la Cuadra. La actuación de este jefe –miembro de la Unión Militar Republicana Antifascista (UMRA)–, apoyado por el ayudante auxiliar radiotelegrafista Benjamín Balboa y el auxiliar de Infantería de Marina Tomás Cañedo Cuevas resultó clave para evitar que la escuadra, cuyos mandos estaban identificados con los sublevados, se pasara al bando rebelde. Ristori –comandante Tori, "bajo y rechoncho", en *Las últimas banderas*, de Ángel María de Lera– caería en Illescas (Toledo) el 20 de agosto de 1936. Por su lealtad a la República sería ascendido a teniente coronel y condecorado póstumamente con la Placa Laureada de Madrid, la más alta condecoración militar de la Zona Gubernamental. Finalizado el conflicto fue dado de baja en la Armada por una Orden del Ministerio de Marina de 22 de abril de 1940, con la pérdida de todos los derechos y prerrogativas al servicio de esta, "por no haber efectuado su presentación ante las Autoridades nacionales e ignorándose su paradero".

En Cartagena (Murcia) se encontraba la base más importante de la Armada. Tanto en esta localidad como en la propia provincia las posibilidades de triunfo de los sublevados eran nulas, al igual que en Madrid, puesto que los principales jefes militares –el general de brigada de Infantería, Toribio Martínez Cabrera, comandante militar de Cartagena; el vicealmirante Francisco Márquez Román, jefe de la base naval; el contralmirante Camilo Molins Carreras, jefe del arsenal; el coronel Lázaro García Díaz, jefe del Regimiento de Infantería Sevilla n.º 34, y el teniente coronel José Brandaris de la Cuesta, jefe accidental del Regimiento de Artillería de Costa n.º 3– eran leales al Gobierno. Por el contrario, el jefe del Grupo de Fuerzas de la Base Naval de Cartagena, el teniente coronel de Infantería de Marina, Francisco Ariza Quintana, igual que otros jefes del Cuerpo General de la Armada destinados en la base, se mostró dispuesto a apoyar a los sublevados. Sin embargo, su actuación no tuvo ninguna incidencia en los acontecimientos porque fue sustituido por el comandante republicano Diego Baeza Soto que, junto a los militantes de las organizaciones del Frente Popular, tuvo un papel destacado para mantener Cartagena bajo control del Ejecutivo republicano. Ariza Quintana sería asesinado en Cartagena el 15 de septiembre de 1937. Treinta y dos años después, el BOE del 19 de febrero de 1969 publicaba una orden por la que su hijo Francisco Ariza Arróniz recibió la Medalla de Sufrimientos por la Patria, "con cinta negra, a título honorífico y sin pensión" como huérfano. Otros ocho oficiales del cuerpo fueron "vilmente asesinados" como reconoció un oficial republicano, el capitán de Infantería de Marina, Ginés Sánchez Balibrea. Baeza Soto, que no quiso huir tras la derrota de la República, fue detenido tras la entrada de los rebeldes en la localidad murciana y condenado a muerte en un consejo de guerra sumarísimo. La sentencia se ejecutó el 31 de julio de 1939 por un piquete de soldados de Infantería de Marina.

A diferencia de Murcia, en Cádiz, donde se encontraba la base naval de San Fernando, los principales mandos militares estaban comprometidos con la sublevación: el general de brigada de Artillería, José López-Pinto Berizo, comandante militar de la provincia; el vicealmirante José María Gámez Fossi, jefe de la Base Naval; el contralmirante Manuel Ruiz de Atauri, jefe del Arsenal, y los coroneles Juan Herrera Malaguilla, jefe del Regimiento de Infantería Cádiz n.º 33, y Pedro Jevenois Labernade, al frente del Regimiento de Artillería de Costa n.º 1. A estos generales, almirantes y jefes se unía el general de brigada Varela, recluido por el Gobierno en el castillo de Santa Catalina (Cádiz). Este apoyo a la rebelión también se manifestaría en el Grupo de Fuerzas de la Base Naval de Cádiz, acuartelado en San Fernando. El teniente coronel de

Infantería de Marina, Ricardo Olivera Manzorro, había estado al frente de esta unidad hasta el 16 de julio cuando el Ejecutivo le destituyó por su segundo, el comandante Manuel de Sancha Morales. Sin embargo, Olivera, nada más tener noticias de la sublevación de Cádiz el 18 de julio, ordenó a las tres compañías de Infantería de Marina que controlasen San Fernando, lo que consiguieron de forma inmediata. Acto seguido se autonombró comandante militar de esta localidad. Con estas acciones contribuyó al triunfo de la rebelión en Cádiz y también a relanzar su carrera militar, que en ese momento estaba acabada tras haber cumplido los cincuenta y ocho años el 18 de febrero. Poco después ascendería a coronel. El 18 de febrero de 1940 pasaría a la Primera Reserva, siendo ascendido entonces al empleo de general de brigada honorario. Por el contrario, De Sancha fue inmediatamente detenido, condenado a muerte en un consejo de guerra sumarísimo y fusilado el 28 de agosto de 1936.

Finalmente, en El Ferrol la situación para los rebeldes se presentaba indecisa cuando estalló el conflicto civil. Los principales mandos de la base naval no estaban comprometidos con los planes de Mola, pero tampoco se caracterizaban por su devoción a la República: el vicealmirante Indalecio Núñez Quijano, jefe de la Base Naval; el de su mismo empleo Miguel A. de Mier del Río, comandante general de la Flota; el contraalmirante Antonio Azarola Grosillón, jefe del arsenal, y el general de brigada Ricardo Morales Díaz, comandante militar de El Ferrol. Tras producirse la sublevación de la guarnición de La Coruña el 20 de julio, Morales y Núñez Quijano se unieron a la misma y continuaron su carrera militar en el bando rebelde. Por el contrario, Mier del Río, tal vez el más dispuesto de los mandos a la rebelión, sería asesinado por la tripulación del crucero ligero Miguel de Cervantes el 7 de agosto de 1936. Por el contrario, Azarola se mantuvo leal al Gobierno, por lo que fue condenado a muerte por un consejo de guerra sumarísimo y fusilado el 4 de agosto de 1936. El Grupo de Fuerzas de la Base Naval, a las órdenes del teniente coronel de Infantería de Marina Enrique de la Huerta Domínguez, se unió a los rebeldes de inmediato y colaboró con las unidades del Ejército en el control de la capital gallega y de la mayor parte de los barcos surtos en la base naval, entre ellos el crucero ligero Almirante Cervera. Estas acciones relanzaron su carrera militar cuando ya contaba con cincuenta y siete años, pues fueron premiadas con la Medalla Naval Individual y le permitieron ascender a coronel el 24 de septiembre de 1938 (BOE, 26 de septiembre de 1938) y a general de brigada honorífico el 29 de marzo de 1941 (BOE, 9 de abril de 1941).

La Infantería de Marina durante el conflicto. Zona rebelde

El carácter eminentemente conservador y nacionalista que presidió la sublevación iniciada el 17 de julio de 1936 convertía a sus líderes en firmes defensores de un cuerpo ligado a algunos de los episodios bélicos más gloriosos de la historia de España. Sin embargo, el Cuerpo no fue restablecido de manea inmediata. El 11 de noviembre de 1936 se procedió a publicar el Decreto n.º 60 en el BOE. Esta norma, con fecha 31 de octubre, disolvía el cuerpo de ayudantes auxiliares,

siendo ascendidos 53 de los 56 que habían quedado en esta zona a los empleos de teniente y alférez, y en el caso de los mayores al de capitán cuando existiese vacante. De esta forma se aumentó el número de oficiales del cuerpo en activo.

De forma paralela, comenzaron a organizarse nuevas unidades del cuerpo, que estarían armadas con los fúsiles máuser, modelos 1893 y 1916 –ambos de calibre 7,57 mm– y ametralladoras Hotchkiss, modelo 1903 –calibre 7,57 mm– y Maxim MG 08/15 −calibre 7,92 mm−, a semejanza de sus homólogas del otro bando. El Grupo de Fuerzas de la Base Naval de El Ferrol constituyó las secciones de ciento siete hombres al mando de un teniente que se integraron como guarnición en los diferentes buques de la flota rebelde, y un batallón expedicionario bajo el mando del comandante Vicente de Juan Gómez que participó en los combates en el frente de Asturias. El Grupo de Fuerzas de la Base Naval de San Fernando creó el 2 de septiembre de 1936 un Grupo Expedicionario de Infantería de Marina compuesto de dos compañías, a las órdenes del comandante Fernando García Bohórquez. Esta unidad se incorporó al Ejército del Sur a las órdenes del general de división Gonzalo Queipo de Llano y participó en diferentes acciones bélicas en la provincia de Málaga.

En febrero de 1937 se tomó la decisión de organizar el Batallón de la Base Naval de Baleares para defender la estación marítima que se había establecido en Palma de Mallorca. Al mando del teniente coronel del cuerpo en la reserva Abelardo Galarza Alvargonzález, estaba formado por cuatro compañías de fusileros, una de ametralladoras (8 armas), una sección de transmisiones y un tren de acompañamiento. Esta unidad pasó a estar operativa el 15 de junio de 1937. Paralelamente el 24 de febrero se organizó en El Ferrol un batallón expedicionario de Infantería de Marina a las órdenes del comandante Rafael Fernández-Caro Mateo que participó en los combates en los combates del Frente Norte.

Soldados de un destacamento de seguridad de Infantería de Marina a bordo de un buque de la Armada rebelde. Al fondo la lancha torpedera Requeté. © OFICINA DE CONSERVACIÓN HISTÓRICA DE LA INFANTERÍA DE MARINA

El 30 de marzo de 1937 se produjo un hecho significativo que manifestaba la decisión de los rebeldes de recuperar el Cuerpo de Infantería de Marina: el viceal-mirante Juan Cervera Valderrama, jefe de Estado Mayor de la Armada nombró jefe de la sección de Infantería de Marina al comandante Luis Guijarro Alcocer. Al mes siguiente se tomó otra decisión importante: el Grupo Expedicionario de García-Bohórquez se unió con el del comandante Juan Romero López para crear el 1.er Batallón de Infantería de Marina, compuesto de cuatro compañías, a las órdenes del primero. Esta unidad tuvo un importante papel en los combates que tuvieron lugar en Córdoba el 11 de junio, durante los que sufrieron numerosas bajas, incluida la de García-Bohórquez. El mando de la unidad pasó entonces al comandante Camilo González Rodríguez. El día 26 de ese mes y en otra manifes-tación de apoyo al cuerpo, se organizaba el 2.º Batallón de Infantería de Marina en Córdoba, a las órdenes del comandante Juan Conforto Thomas, que quedó destinado en esta provincia y más tarde participó en los combates que tuvieron lugar en Badajoz. Poco después se creo en Cádiz el 3.er Batallón, que fue acuar-telado en la base naval de esta provincia. En paralelo, en la Escuela Naval de San Fernando, comenzaron a impartirse en julio los cursos de formación de los alfé-reces provisionales de Infantería de Marina para encuadrar estas nuevas unidades.

Tras la conquista de Gijón el 21 de octubre de 1937 finalizó la campaña del Norte. A partir de ese momento, la flota rebelde se trasladó al mar Mediterráneo y se inició un bloqueo de todos los puertos republicanos en este teatro de operaciones con el objetivo de impedir la llegada de material bélico para el enemigo. El viceal-mirante Francisco Moreno Fernández fue nombrado jefe de las Fuerzas de Tierra, Mar y Aire del Bloqueo del Mediterráneo, cuyo puesto de mando se situó en Palma de Mallorca. A partir de ese momento, el Batallón de la Base Naval de Baleares se convirtió en una unidad de reclutamiento y entrenamiento para organizar nuevas unidades, enviadas a diferentes frentes, incluido el navarro, destacando el Batallón Expedicionario formado por dos compañías que, a las órdenes del comandante Juan León, desembarcó en Castellón de la Plana y Vinaroz para guarnecer las bases navales auxiliares creadas en estas localidades. No obstante, resulta cuanto menos curioso que estas decisiones se tomaron cuando el cuerpo todavía estaba en proceso de extinción, ya que todavía no se había derogado la ley del 24 de noviem-bre de 1931. Esta anómala situación finalizó el 30 de septiembre de 1938 cuando se aprobó la Ley derogando el Decreto de 10 de julio de 1931, en lo referente a la declaración "a extinguir" de los Cuerpos de Ingenieros, Artillería e Infantería de la Armada, publicada en el BOE del 4 de octubre de ese año. El preámbulo de esta norma resultaba muy significativo:

> [La] Infantería de Marina, desde la iniciación del Glorioso Alzamiento Na-cional, a cuyo triunfo en los Departamentos Marítimos tanto contribuyó, se ha restituido a su brillante tradición en las cubiertas de los buques y frentes de combate, sin producir más inquietud al mando para utilizarlo plenamente, que la escasez de sus cuadros de Oficiales.

La "resurrección" del cuerpo fue acompañada de su reorganización. El 21 de octubre, el teniente general Fidel Dávila Arrondo, ministro de Defensa Nacional, firmaba la Orden que organizaba provisionalmente las Fuerzas de la Infantería de Marina. Esta norma, publicada en el BOE del 22 de octubre, establecía:

1 - Las fuerzas de cada uno de los Departamentos Marítimos de Cádiz y Ferrol y las de la Base Naval de Baleares, formarán tres Regimientos de tres Batallones. Siendo el de Cádiz el primero y el de Ferrol el segundo, con arreglo a las denominaciones tradicionales. El de las Baleares se denominará Regimiento de Baleares […].
4 - Las fuerzas embarcadas en buques asignados a Departamentos, pertenecerán a los terceros Batallones de los respectivos Regimientos.

El 1.er Regimiento quedó a las órdenes del coronel Olivera Mazorro y el 2.º a las del de su mismo empleo De La Huerta Domínguez. Poco después, el 18 de diciembre de 1938, aparecía en el BOE el nombramiento del general de brigada Serafín Liaño Lavalle como inspector general del cuerpo.

Al mismo tiempo, el vicealmirante Moreno no solo siguió organizando más compañías en las Baleares, sino que también pudo diseñar ambiciosas operaciones anfibias. Así, en diciembre de 1938 el Estado Mayor de las Fuerzas de Bloqueo del Mediterráneo elaboró un plan para efectuar un desembarco en la costa de Tarragona, entre los cabos de Salou y Término. El objetivo era acelerar la campaña de Cataluña. Para desencadenar esta operación se iban a emplear dos mil cuatrocientos infantes de Marina y cuarenta embarcaciones. Sin embargo, por diferentes razones, nunca se llevó a cabo. Por su parte, el batallón expedicionario de El Ferrol, a las órdenes del comandante Vicente de Juan Gómez, encuadrado en la 85.ª División del Cuerpo de Ejército de Galicia –mandado por el general de brigada Antonio Aranda Mata– tuvo un destacado papel en el frente de Teruel, en especial en los combates de Muela de Sarrión, donde resistió un fuerte ataque artillero el 18 de septiembre de 1938 y los asaltos de tres divisiones del bando republicano, evitando así que esta importante posición cayese en manos del enemigo. Por esta acción recibió la Medalla Militar Colectiva.

El año en que finalizó el conflicto civil, 1939, sería también el de la definitiva consolidación de la Infantería de Marina como cuerpo militar permanente. El batallón del comandante León siguió operando en Levante y junto al 2.º Batallón del 1.er Regimiento de Infantería de Marina de Cádiz tuvo un papel protagonista en la ocupación de la Base Naval de Cartagena el 1 de abril. Por su parte, fuerzas del Regimiento de Baleares, a las órdenes del comandante Emilio de Dueñas, ocuparon la Base Naval de Mahón (Menorca) el 9 de febrero. Finalmente, algunas unidades del nuevo 2.º Regimiento de Infantería de Marina (El Ferrol) participaron en el intento de desembarco en Cartagena, a bordo del Castillo de Peñafiel que, junto a las de la 83.ª División del Cuerpo de Ejército de Galicia transportadas por el Castillo de Olite, tenían como objetivo apoyar la rebelión que, contra el Gobierno de Juan Negrín, se había iniciado en esta localidad el 4 de marzo. La operación terminó con el hundimiento del Castillo de Olite por las baterías de costa de Cartagena el 7 de marzo con un resultado catastrófico: de los 2112 hombres embarcados, 1476 murieron, 342 resultaron heridos y 294 fueron hechos prisioneros. Fue el mayor desastre naval del conflicto. Por el contrario, los infantes de Marina del Castillo de Peñafiel tuvieron más suerte, ya que, si bien el barco fue alcanzado en la línea de flotación, pudo retirarse. Poco después recibió el ataque de la aviación republicana, que tampoco tuvo éxito debido a que las tropas embarcadas respondieron con un intenso fuego de ametralladora y fusil que derribó cuatro aparatos, lo que le permitió regresar a Ibiza.

Tras el final del conflicto, el nuevo ministro de Marina, vicealmirante Salvador Moreno Fernández, que ocupo este cargo entre el 8 de agosto de 1939 y el 20 de julio de 1945, sería el encargado de dotar a la Infantería de Marina de nuevas misiones con el objetivo de evitar que el cuerpo pudiera volver a ser disuelto.

En la zona republicana

A partir del 17 de julio de 1936 dos unidades de la Infantería de Marina permanecieron leales al Gobierno: la Compañía de Ordenanzas y Asistentes de Madrid y el Grupo de Fuerzas de la Base Naval de Cartagena. La primera se transformó en el Grupo de Fuerzas Embarcadas y Madrid. El segundo tendría un importante papel en el conflicto. El Ejecutivo republicano decidió transformarlo en el Regimiento Naval n.º 1 y su jefe, el comandante Baeza Soto, fue habilitado como coronel, ascenso recogido en la *Gaceta de Madrid* del 20 de noviembre de 1936. Esta nueva unidad comenzó a actuar desde los inicios del conflicto civil como un centro de encuadramiento y adiestramiento, con la función de organizar las guarniciones de los principales buques que habían quedado en manos republicanas –el acorazado Jaime I y los cruceros ligeros Cervantes y Libertad–, así como de nuevas compañías y batallones para que actuasen en los distintos frentes. Estas últimas no serían unidades estrictamente de Infantería de Marina porque no estaban adiestradas para operaciones anfibias, sino que estarían formadas por infantes convencionales preparados para la lucha terrestre, aunque mandados por jefes y oficiales del cuerpo. Para dotar a estas unidades de oficiales se aprobó el reingreso en el servicio activo de diferentes ayudantes que estaban en situación de "disponible" cuando comenzó la Guerra Civil, decisión recogida en el *Diario Oficial del Ministerio de Marina y Aire*, del 2 de noviembre de 1936.

Estas nuevas unidades, así como las que habían pertenecido al antiguo Grupo de Fuerzas de la Base Naval de Cartagena, comenzaron a actuar desde julio de 1936 gracias a la capacidad organizativa de Baeza Soto. Así, una compañía de Infantería de Marina a las órdenes del capitán Antonio Luque Ramírez se incorporó a la columna del coronel José Sánchez Balibrea, y otra, mandada por el de su mismo empleo Juan Luque Canís, hizo lo propio con la del comandante Joaquín Pérez Salas, cuya misión era acabar con la sublevación de la Guardia Civil en Albacete. La operación tuvo éxito y esta provincia quedó asegurada para la República a partir del 25 de julio. Posteriormente, ambas columnas participaron en las operaciones que tuvieron lugar en el frente de Córdoba en los días siguientes, con menor éxito. Poco después, se envió una sección a Madrid a las órdenes del ayudante auxiliar Domingo García el 4 de agosto, mientras que el ayudante auxiliar mayor Blas Marzal Gómez, al mando de una compañía, desembarcó en Málaga el 7 de agosto para reforzar la guarnición de esta provincia. Otra compañía, a las órdenes del capitán Emilio

Escuaín fue destinada como guarnición a El Carpio (Córdoba) el 12 de agosto. Dieciséis días después, su jefe se pasó a los rebeldes en cuyas fuerzas alcanzaría el empleo de teniente coronel. Finalmente, otra unidad del mismo tipo, mandada por el ayudante auxiliar de primera José Andreu Lillo saldría de la misma localidad murciana con destino a Jaén primero y después al frente de Aragón.

Las unidades tipo batallón comenzaron a organizarse a partir de septiembre y su desempeño en los diferentes frentes no fue muy exitoso. El 1.º de Infantería de Marina, a las órdenes del capitán Marciano Gutiérrez Gutiérrez, fue enviado a Toledo, donde fue aniquilado el día 27 de dicho mes por las unidades del Ejército de Marruecos del general Varela que levantaron el asedio del Alcázar. Su jefe desapareció en combate y la mayor parte de sus integrantes huyeron. Estos hechos convencieron al Gobierno de la República de que Gutiérrez Gutiérrez se había pasado al enemigo por lo que fue expulsado del cuerpo, junto a Escuaín y otros oficiales, el 21 de noviembre de 1936, como quedó reflejado en el Boletín Oficial de la Provincia de Madrid, del 29 de diciembre de ese año. Los restos de esta unidad actuarían en los combates que se sucedieron en Toledo y Madrid. Más tarde fue reorganizado de nuevo y, a partir de enero de 1937, operó en Málaga. El 2.º Batallón, mandado por el comandante Francisco García Martín, fue enviado el 6 de septiembre a Granada, sufriendo numerosas bajas en los combates que tuvieron lugar en esta provincia y en Jaén. Reorganizado como el anterior, operaría también en la provincia de Málaga tras la caída de su capital el 6 de febrero. En ese momento contaba con cuatro compañías de fusiles y una de ametralladoras,

Oficiales y tropa de la Infantería de Marina de la República, desplegados en el frente del río Segre como parte de la 94.ª Brigada Mixta, fotografiados presuntamente por Robert Capa, el 7 de noviembre de 1938.

Infantes de Marina integrados en la columna mixta de las fuerzas del Ejército y la Armada republicanas abandonan Cartagena, en julio de 1936, con destino a Albacete, para sofocar la sublevación de la comandancia de la Guardia Civil que se había hecho con el control de la población el 19 de ese mismo mes. © OFICINA DE CONSERVACIÓN HISTÓRICA DE LA INFANTERÍA DE MARINA

con ocho máquinas. En todo caso, fue de nuevo diezmado por el Ejército del Sur del general Queipo de Llano. Sus restos fueron trasladados a Almería. El 3.er Batallón, a las órdenes del comandante Vicente Trigo Sandomingo, actuó también, a partir del 30 de septiembre, en estas dos provincias andaluzas. Al año siguiente, combatiría en Jaén, a partir del mes de marzo, junto a los batallones 4.º y 5.º, recientemente organizados. Estas unidades cubrirían el sector comprendido entre Martos y Columera. Ese mismo año, en junio, se crearon el 6.º y 7.º Batallón. El primero quedó de guarnición en Cartagena, mientras que el segundo fue enviado a Alicante.

Las acciones desarrolladas por estas unidades convencieron al Gobierno republicano del error cometido en 1931, como así quedó reflejado en el decreto firmado el 28 de junio de 1937 por Manuel Azaña como presidente de la República e Indalecio Prieto como ministro de Defensa Nacional. En esta norma, publicada en la *Gaceta de la República* del 29 de junio de 1937, se podía leer:

> La Ley de veinticuatro de Noviembre de mil novecientos treinta y uno, en su artículo cincuenta y uno, declaró a extinguir él Cuerpo de Infantería de Marina. El actual movimiento Subversivo ha hecho resaltar desde los primeros momentos el error cometido por la amputación verificada en los efectivos de dicho Cuerpo, que valientemente, se enfrentó con los facciosos, y por ello se procede a impulsar nuevamente su crecimiento, creándose el llamado Regimiento Naval número uno, unidad que hoy cuenta con siete Batallones y que viene dando pruebas de abnegación, lealtad y heroísmo.

Este decreto era acompañado por otro de la misma fecha por el que se organizaba la oficialidad del Cuerpo:

Artículo primero. Se refunden en una sola, denominada Escala del Cuerpo de Infantería de Marina, las actuales Escala Activa, Escala de Reserva Retribuida y Escala del Cuerpo de Ayudantes auxiliares.

Artículo segundo. El personal de las mencionadas Escalas se escalafonará por su actual categoría efectiva y dentro de ella por antigüedad en el empleo.

Artículo tercero. Se crea la categoría de Sargento, cuyos puestos se cubrirán por los Cabos que reúnan las condiciones que se reglamenten.

Artículo cuarto. Se suprimen todos los empleos intermedios entre Sargento y Teniente, pasando a Tenientes cuantos tengan empleo de los suprimidos. Los Sargentos, al ascender, pasarán directamente a la categoría de Teniente, previas las condiciones y cursos que se determinen.

Estos decretos permitieron crear un Negociado del Cuerpo en la Subsecretaria de Marina a las órdenes del comandante Nicolás Llobregat Beltrán, la organización del primer curso de formación de tenientes provisionales de Infantería de Marina (ochenta plazas) en Cartagena a partir de septiembre de ese año y sobre todo abrieron una ventana de oportunidad para que la Infantería de Marina republicana pudiera organizar grandes unidades propias. Estas serían las célebres Brigadas Mixtas. Cada una de ellas, según la plantilla establecida, estaba compuesta por una plana mayor, cuatro batallones de Infantería (cuatro compañías de fusiles y una de ametralladoras, con ocho máquinas), una compañía de Depósito, una sección de Caballería, una de Autos-Blindados, una de Transmisiones, una de Zapadores, una de Intendencia, una batería de Artillería con tres piezas de 75 mm o 105 mm y un grupo de Sanidad. En total: 128 jefes y oficiales, 30 comisarios y delegados políticos, 320 suboficiales y 3703 individuos de tropa. Según Engels, se organizaron cinco unidades de este tipo ligadas con la Infantería de Marina:

• La Brigada Móvil de Infantería de Marina o 181.ª Brigada Mixta: Estuvo integrada en la 56.ª División del XVI Cuerpo del Ejército del Norte. Nunca superó los 800 hombres, procedentes de las milicias vascas y santanderinas y de las guarniciones de los buques republicanos. Su jefe fue el anarquista Higinio Carrocero y su comisario político Nicolás Gutiérrez Moya. Combatió en el Frente Norte hasta la caída de Gijón cuando fue desarmada y disuelta.
• 151.ª Brigada Mixta: Formada el 6 de julio de 1937. Su primer comandante fue el teniente coronel del cuerpo Basilio Fuentes Serna, y el primero de sus comisarios políticos, el socialista Juan Antonio Turiel Furones. Más tarde, fue mandada por el teniente coronel José García Gamboa. Combatió en las batallas de Brunete (6-25 de julio de 1937) formando parte de la 47.ª División; en la de Teruel (15 de diciembre de 1937-22 de febrero de 1938) –donde no tuvo una gran actuación–, en la Ofensiva de Aragón (7 de marzo-19 de abril de 1938) y en la del Ebro (25 de julio-16 de noviembre de 1938). Esta unidad se autodisolvió en Barcelona en enero de 1939.

En su travesía al estrecho de Gibraltar, al comienzo de la Guerra Civil, la tripulación del acorazado clase España Jaime I se sublevó contra sus mandos, lo que consagró la adscripción de la nave al bando republicano. Tomó parte en los bombardeos de Ceuta, Melilla y Algeciras, entre otras acciones, antes de hundirse en la bahía de Cartagena, a causa de una explosión interna. Posteriormente reflotado, su artillería se destinó a servir como baterías de costa, en tanto el resto fue desguazado en 1941.

- 95.ª Brigada Mixta: Organizada en el verano de 1937, se puso a las órdenes del comandante Juan Luque Canís. Esta unidad, que sería disuelta dos veces por las numerosas bajas que tuvo, estuvo sucesivamente mandada por los comandantes de Infantería de Marina Luque, Vicente Alonso Fernández y José García Gamboa, y el de Infantería César-David Sal de Rellán. Tuvo dos comisarios políticos: José Nadal Martí y Fernando González Montoliu. Integrada en la 70.ª División y después en la 72.ª, ambas del XVIII Cuerpo de Ejército, participó en la batalla de Teruel, en la Ofensiva de Aragón, en la batalla del Segre (4 de abril de 1938-3 de enero de 1939), en la del Ebro y en la Campaña de Cataluña (23 de diciembre de 1938-1 de febrero de 1939). En febrero pasó a Francia.
- 94.ª Brigada Mixta: Creada en Cartagena en septiembre de 1937, e inicialmente bajo el mando del teniente coronel de Infantería de Marina José Sánchez Balibrea y posteriormente del comandante del mismo cuerpo, Isidoro Fernández González. Su comisario político fue el anarquista Evaristo Torralba García. Estuvo encuadrada en la 70.ª División, en la 34.ª y posteriormente en la 72.ª –pertenecientes todas ellas al XVIII Cuerpo de Ejército–, y participaron en la batalla de Teruel –donde tuvo una destacada actuación–, en la Ofensiva de Aragón, en la batalla del Segre y en la Campaña de Cataluña. Como la anterior, en febrero de 1939 pasó a Francia.
- 56.ª Brigada Mixta: Creada en abril de 1938, se puso a las órdenes del comandante habilitado de Infantería de Marina, Tomás Cañedo Cuevas, y su comisario fue Joaquín Palacios Martín. Participó en la batalla del Ebro formando parte de la 56.ª División y en la Campaña de Cataluña. Como las anteriores, también pasó a Francia en febrero de 1939.
- La otra gran unidad de infantes de marina republicanos se creó en marzo de 1938 tras el triunfo de los rebeldes en la Ofensiva de Aragón y recibió el nombre de Agrupación de Batallones de Infantería de Marina que operan en Cataluña. Estuvo formada, según Campelo Gainza, por los 15.º, 16.º, 18.º, 22.º y 23.er batallones, organizados en Cartagena. Su misión fue impedir un desembarco en la costa catalana, que nunca se produjo.

Conclusión

La Infantería de Marina era una fuerza residual cuando comenzó la Guerra Civil, consecuencia de la política llevada a cabo por el régimen republicano en relación con este cuerpo. Sin embargo, esta situación cambiaría rápidamente. En el bando rebelde, el peso de la historia y la decisión de los oficiales del Cuerpo General de la Armada permitió paulatinamente organizar unidades de infantes de Marina, cuyo brillante comportamiento en los diferentes frentes hizo posible su restablecimiento pleno, no solo durante el periodo de guerra, sino también a partir de 1939. En paralelo, los jefes y oficiales de la misma que apoyaron al Gobierno republicano demostraron una gran iniciativa, importantes dotes de mando y gran capacidad de organización, convirtieron a un cuerpo en vías de extinción en un importante instrumento de guerra. Esta dinámica hizo posible

que el Ejecutivo republicano, que en 1931 había apostado por su desaparición, restableciera la Infantería de Marina como un cuerpo más dentro del Ejército Popular de la República.

Pero, la pregunta que debemos plantearnos es si la Infantería de Marina fue realmente eficiente como cuerpo armado durante el conflicto civil. La respuesta a esta cuestión es ambivalente. En el bando rebelde, las diferentes unidades de infantes de Marina tuvieron un comportamiento notable desde el inicio de la contienda, pero nunca alcanzaron el número ni la entidad suficientes para decidir combates. Es más, salvo en el caso del Batallón de la Base Naval de Baleares tampoco actuaron en operaciones anfibias, combatiendo como unidades convencionales de infantería. En el caso del republicano, el Regimiento Naval n.º 1 actuó con gran eficacia como centro de encuadramiento y adiestramiento. Sin embargo, las diferentes unidades que organizó no tuvieron un comportamiento particularmente brillante en el frente, y lo que fue más importante, como en el caso de las rebeldes, tampoco actuaron como fuerzas anfibias, sino como compañías, batallones y brigadas convencionales de infantería, salvo en los primeros momentos del conflicto, cuando fueron desembarcadas algunas compañías en Málaga. ■

De cuerpo sin misión definida a las misiones internacionales

Fernando Herraiz Gracia

Cuando el 1 de abril de 1939 concluyó la Guerra Civil, la Infantería de Marina se enfrentaba a un futuro incierto. Ambos bandos habían contado con infantes de Marina en sus filas, pero su papel se había limitado a combatir en tierra como cualquier unidad regular o a dar seguridad a los buques e instalaciones navales.

"Una gloriosa historia, pero sin misión definida". La reforma Moreno

El ministro de Marina, almirante Salvador Moreno, lo había dejado claro en su ley de octubre de 1940: "La Infantería de Marina es una institución que no ha evolucionado al mismo ritmo que las restantes de la Armada, encontrándose por ello en el momento actual con una gloriosa historia, pero sin misión definida". Esta situación no era exclusiva de nuestro país. Durante el periodo de entreguerras, todos los teóricos militares llegaron a considerar que la operación anfibia sobre una costa hostil ya no era posible, por lo que algunos países estudiaron disolver sus unidades de este tipo.

En consecuencia, el almirante Moreno le asignó a la Infantería de Marina de posguerra unas misiones que, siendo benévolos, podríamos calificar como residuales: "Ser guarnición de los buques y arsenales de la Armada, el manejo de las ametralladoras pesadas y ligeras de la defensa antiaérea de buques y Bases navales, y el servicio de seguridad de estas últimas contra los bombardeos aéreos, en su aspecto de defensa pasiva". Para vestir la falta de contenido de la misión se añadieron algunos términos elogiosos, que no pasaban de ser un relleno: "Dar con su irreprochable presentación una tónica militar y destacada en buques y dependencias", pero para el cuerpo esos cometidos sabían a poco.

Para su cumplimiento y bajo el mando del general de división Serafín Liaño Lavalle, la Infantería de Marina modificó su organización, pasando de estar compuesta por regimientos a hacerlo por tercios: Tercio del Sur (San Fernando), Tercio del Norte (El Ferrol), Tercio de Levante (Cartagena), Tercio de Baleares (Palma de Mallorca) y Tercio de Canarias (Las Palmas). Este último tercio no llegó a constituirse con tal entidad, siendo conocidas sus unidades como Fuerzas afectas a la Base Naval de Las Palmas. En Madrid se formó el Batallón del Ministerio como guarnición del Ministerio de Marina. En 1954 esta organización se modificó, con lo que permanecieron los cuatro Tercios y se crearon dos Agrupaciones Independientes, la de Canarias y la de Madrid.

El Tercio, mandado por un coronel, contaba con tres batallones: uno ligero –para misiones de seguridad en su Departamento–, otro de defensa antiaérea y pasiva y un tercero de instrucción de reclutas. Se trataba, en general, de unidades equipadas de forma precaria, pobremente armadas y con una escasa motorización, lo que provocó la desmoralización de algunos cuadros de mando, pero no de todos.

En 1944 se creó la Escuela de Aplicación de Infantería de Marina (EAIM) en la ciudad gaditana de San Fernando, con la misión de impartir tanto los cursos de capacitación para el ascenso como los de perfeccionamiento y formación de especialistas. Fue en la EAIM donde un grupo de entusiastas adelantados a su tiempo comenzaron a estudiar las tácticas anfibias utilizadas por los marines estadounidenses

INFANTE DE MARINA DE MANIOBRAS HACIA 1977, equipado con el **UNIFORME DE SARGA VERDE** reglamentario desde 1963, compuesto por una guerrera con bolsillos y hombreras, un pantalón con bolsillos laterales y un **CASCO DE ACERO M-65** –similar al M-1 estadounidense–, con funda de camuflaje, todo ello en uso hasta la incorporación, a comienzos de la década de los ochenta, de los primeros uniformes mimetizados de tonos verdes y marrones. El soldado porta, además, el omnipresente **FUSIL CETME C**, en servicio desde 1964, así como las cartucheras, correajes y demás equipamiento auxiliar y logístico de campaña. © José Luis García Morán

La Compañía de Escaladores del Tercio del Norte de Infantería de Marina abandona el Cuartel de Dolores de El Ferrol camino de San Fernando (Cádiz), en 1957. © Oficina de Conservación Histórica de la Infantería de Marina

durante la Segunda Guerra Mundial. No todo estaba perdido. Con la organización del cuerpo y la formación de su personal establecidas, se habían sentado las bases para evolucionar hacia la deseada operatividad anfibia.

La reforma Abárzuza. El retorno del Fénix

Por Decreto de 3 de octubre de 1957 se creó el Grupo Especial de Infantería de Marina de Cádiz. Esta unidad, al mando de un general de brigada, nació con el ánimo de recuperar para el cuerpo la misión de fuerza de desembarco, algo que los infantes de Marina llevaban tiempo reivindicando. La nueva unidad estaba formada por Mando y Estado Mayor, el Tercio del Sur, un Grupo de Apoyo (con una Unidad de Apoyo de Combate y una Unidad de Apoyo Logístico), las Unidades de Desembarco Destacadas (procedentes de los tercios) y la Escuela de Aplicación.

Para cubrir la plantilla de las Unidades de Desembarco Destacadas se trasladaron a San Fernando una compañía de fusiles de cada tercio (Levante, Norte y Baleares), así como la Compañía de Escaladores Anfibios (creada en El Ferrol en 1951) y la Compañía de Zapadores Anfibios (fundada en 1953 en el Tercio de Baleares).

El año de creación de la nueva unidad, con el aumento de la tensión en el África Occidental Española (AOE), no podía ser más oportuno. En 1953, España y Estados Unidos habían firmado una serie de acuerdos de cooperación conocidos como

Pactos de Madrid. El acuerdo bilateral relativo a Defensa supuso la instalación de bases militares estadounidenses en nuestro territorio –una de ellas, la de Rota– a cambio de recibir una generosa ayuda económica y militar.

Para la Infantería de Marina esta ayuda se materializó, en 1958, en la llegada a los muelles del arsenal de La Carraca de dos buques tipo Liberty, cargados de equipamiento. Junto con armamento diverso se recibieron más de un centenar de vehículos de ruedas: *jeeps*, camiones ligeros, camiones medios, camiones anfibios DUKW y mulas mecánicas. Este material supuso una revolución para la naciente Fuerza de Desembarco, puesto que, hasta la fecha, la plantilla de vehículos no había pasado de algunos excedentes de la Guerra Civil. Ahora se podían equipar unidades enteras. Las tablas de armamento y material eran ambiciosas y aspiraban a la completa motorización del Grupo Especial. Nada más y nada menos que 115 *jeeps* M-38A1, 76 camiones de ¾ de tonelada M-37, 90 camiones de 2 ½ toneladas M-35 y 196 remolques de distintos tipos. La Infantería de Marina empezaba a marchar sobre ruedas.

El almirante Felipe Abárzuza, ministro de Marina, tenía el máximo interés por ver en acción los medios recibidos de la Ayuda Americana, por lo que dirigió estas palabras a los infantes de Marina: "Deseo echar a la Infantería de Marina de sus cuarteles y convertirla en operativa al ciento por ciento. Tienen ustedes en sus manos la posibilidad y por ello la responsabilidad de transformarla en un Cuerpo de élite como siempre lo fue".

La gran cantidad de vehículos y repuestos recibidos en un plazo de tiempo tan breve supuso todo un reto para la Infantería de Marina y un montón de problemas que solucionar. Apenas había personal de tropa capacitado como conductor y menos todavía de camiones pesados o con remolque. Algo parecido sucedía con los mecánicos capaces de mantener y reparar los vehículos averiados. La abundante documentación recibida estaba redactada en inglés, idioma que muy pocos infantes dominaban en los años cincuenta. Por primera vez constituía el problema la abundancia de medios y no la carencia de estos.

A pesar de todas las dificultades, el grupo especial no defraudó al ministro. A la vuelta de unos meses, el almirante Felipe Abárzuza escribía:

Considero estos ejercicios (la denominada Operación Alif y a los ejercicios Tigres A y B, enmarcados en el plan de adiestramiento de la Flota de 1958) como el espaldarazo del Grupo Especial y de nuestra modesta Fuerza Anfibia; confío en que este sea el primer éxito de una larga e ininterrumpida cadena de ellos, merced a los cuales la Marina cuente lo antes posible con una eficaz y moderna Unidad de Combate altamente especializada en la guerra anfibia.

El Fénix resurgía de sus cenizas.

El polvorín africano: Ifni-Sáhara 1957-1958

En noviembre de 1957, los guerrilleros del llamado Ejército de Liberación de Marruecos (EL) se adentraron por sorpresa en el AOE, esto es, en los territorios de

Ifni y Sáhara, tomando algunas poblaciones y cercando muchas otras. El Gobierno español reaccionó con rapidez y en un corto plazo de tiempo envió refuerzos, tanto desde la Península como desde las islas Canarias.

Los primeros infantes de Marina, trasladados por avión al aeródromo de Sidi Ifni, pertenecían a la compañía de ametralladoras de la recién constituida Agrupación de Canarias. Su misión fue unirse al perímetro defensivo establecido alrededor de la ciudad, un dispositivo que debía mantenerse a toda costa. El 21 de diciembre la Unidad Especial de Zapadores Anfibios desembarcó en la cabeza de playa de El Aaiún (Saguía El Hamra) con la misión de reconocer las playas, así como de demoler los obstáculos que impidieran el acceso a las mismas de las lanchas de desembarco. Esta tarea resultaba fundamental ya que no había en el territorio un puerto que permitiera la descarga de los barcos, por lo que todo debía ser desembarcado directamente en las playas. En enero de 1958, una compañía reforzada del Tercio del Sur desembarcó en la cabeza de playa de El Aaiún con el cometido de dar seguridad a la población, sometida por entonces a frecuentes ataques. Una segunda compañía se unió a la defensa en el mes de febrero, formándose un Grupo Ligero Expedicionario.

En abril de 1958, con la firma del Acuerdo de Cintra, concluyó el conflicto. En agosto del mismo año fue activada como unidad orgánica la Cabeza de Playa de El Aaiún, compuesta por efectivos de la Agrupación de Canarias que relevaron a las compañías expedicionarias del Tercio del Sur. La Agrupación de Canarias destacó una compañía de fusiles y una sección de ametralladoras en la Cabeza de Playa de El Aaiún y un pelotón de fusiles y otro de ametralladoras en Sidi Ifni. En Villa Cisneros (actual Dajla) y La Agüera (Río de Oro) permanecieron un pelotón de fusiles y una escuadra de ametralladoras. Una de las muchas lecciones aprendidas de este breve pero intenso conflicto fue que la naciente Fuerza de Desembarco necesitaba medios de combate en tierra más potentes y unos medios navales de proyección que le permitieran alcanzar la costa con seguridad y rapidez. Se trataba de disponer de una verdadera fuerza anfibia.

Cadenas para la Infantería de Marina.
El Grupo Especial gana peso

La Infantería de Marina recibió decenas de *jeeps* y camiones procedentes de la Ayuda Americana, pero los tractores anfibios LVT-4 (Landing Vehicle Tracked), necesarios para realizar el movimiento buque-costa y mecanizar a las compañías de fusiles, no estaban comprendidos en los acuerdos firmados con los Estados Unidos. Por este motivo, la Armada tuvo que recurrir a otros mercados. En 1963, con la mediación de un chatarrero británico, se compraron a un ganadero estadounidense dieciséis tractores anfibios LVT-4. Los vehículos se habían utilizado para transportar reses por el río Misisipi, por lo que su estado general era deficiente. Tras una importante revisión mecánica, se formó la Unidad Experimental Anfibio Mecanizada.

Los inicios de la unidad no fueron fáciles. Había muchas dudas sobre su utilidad y algunos "derrotistas" manifestaron que se habían comprado toneladas de chatarra sin ninguna aplicación práctica. Nada más lejos de la realidad. A la vuelta de

pocos meses estos medios, que tan útiles habrían sido en la cabeza de playa de El Aaiún, demostraron su valía. Para aumentar sus capacidades de combate, el Grupo de Apoyo del Grupo Especial recibió en enero de 1965 cinco cañones autopropulsados M-56 Scorpion. Estos vehículos sobre cadenas, junto a los cañones sin retroceso CSR M-40A1 de 106 mm, aportaron una nueva capacidad de apoyo de combate a la naciente Fuerza de Desembarco: la capacidad contracarro. La incorporación en 1966 de diecisiete carros de combate M-48 facilitó al Grupo Especial la potencia de fuego, la velocidad y la protección que necesitaba. Con estos vehículos se formó la Compañía de Carros. La llegada en 1967 de ocho obuses autopropulsados M-52 al Batallón de Armas Pesadas de Desembarco (BAPD) supuso toda una revolución. La Fuerza de Desembarco disponía al fin de una poderosa unidad de apoyo de fuegos capaz de seguir la velocidad de marcha de sus unidades mecanizadas y acorazadas.

Los medios navales de proyección también se potenciaron en los primeros años sesenta. En abril de 1965 se activó el Mando Anfibio en la Base Naval de Puntales (Cádiz), contando con los transportes de Ataque TA-11 Aragón y TA-21 Castilla, el Centro de Instrucción y Adiestramiento de Operaciones Anfibias y la Flotilla de Desembarco. Esta última estaba formada por la Escuadrilla de buques LSM (LSM-1, LSM-2 y LSM-3), la Escuadrilla de barcazas (BDK-1 a 5) y el Grupo Naval de Playa.

Fusileros del Grupo Especial de la Infantería de Marina desembarcan desde una lancha LCM-3 durante el ejercicio Tigres de 1959, maniobras que supusieron un impulso clave en la revitalización del arma anfibia en España. © Oficina de Conservación Histórica de la Infantería de Marina

La búsqueda de la excelencia. Los grandes ejercicios internacionales

Para que el Grupo Especial y el Mando Anfibio funcionaran como un todo se llevaron a cabo ejercicios anfibios cada vez más complejos de ámbito nacional. Con el fin de identificar los errores, corregirlos y sacar conclusiones, se establecieron equipos de arbitraje y valoración. Por último, para buscar un nivel operativo más alto, se desarrollaron grandes ejercicios anfibios internacionales.

En octubre de 1964 tuvo lugar en la costa de Huelva la llamada Operación Steel Pike, el ejercicio anfibio internacional más importante realizado en España hasta esa fecha. Participaron una Fuerza Expedicionaria de Marines (MEF) y un Batallón Reforzado de Desembarco del Grupo Especial, totalizando más de veinte mil hombres y ochenta y cuatro buques de guerra. La misión del batallón español era realizar operaciones de desembarco, atacar un objetivo y reembarcar a la orden. El desembarco de los infantes de Marina españoles se realizó por medio de tractores anfibios LVT-4 y embarcaciones LCVP (Landing Craft Vehicle Personnel) y LCM (Landing Craft Mechanized). Tras ocupar el objetivo, realizar un paso del río Tinto en LVT y efectuar un envolvimiento vertical sobre Huelva, el batallón español se estableció en defensiva antes de reembarcar. Para la Compañía de Tractores Anfibios, en entredicho desde sus orígenes, supuso su puesta de largo a nivel internacional y una apuesta definitiva por los medios mecanizados.

Tras los incidentes en Ifni y Sáhara, la cooperación militar con Francia había mejorado notablemente. Buena muestra de este entendimiento fue el ejercicio anfibio hispanofrancés Atlantide 67, que tuvo lugar en febrero de ese año en las islas Canarias. Fue tal la importancia mediática del ejercicio que las cámaras del No-Do grabaron un reportaje. En doce años de existencia, el Grupo Especial había realizado ciento diez maniobras, tanto nacionales como internacionales. Un intenso adiestramiento en busca de la excelencia.

Tractores anfibios LVT-4 listos para desembarcar de un buque tipo LSM en 1966. Nótese que el personal de la Armada y de la Infantería de Marina visibles portan ya el casco M-1 de procedencia estadounidense, al igual que todo el material recibido por el cuerpo en el marco de la ayuda estadounidense. © Oficina de Conservación Histórica de la Infantería de Marina

Evacuación de Guinea. Operación Ecuador

Tras una conferencia constitucional y un proceso electoral, el 12 de octubre de 1968 la Región Ecuatorial Española proclamó su independencia y adoptó el nombre de República de Guinea Ecuatorial. El traspaso de autoridad se realizó con normalidad, pero las profundas divisiones entre los políticos del país africano, así como la grave crisis económica que siguió a la independencia, dieron lugar a una violenta campaña antiespañola. En la ciudad de Bata se produjeron disturbios y varias fincas regentadas por españoles fueron asaltadas.

Para proteger la evacuación de los residentes españoles el gobierno ordenó a la Armada, en marzo de 1969, llevar a cabo la Operación Ecuador. El Grupo Especial embarcó un Batallón Reforzado de Desembarco y la Unidad de Operaciones Especiales en los buques TA-11 Aragón y TA-21 Castilla. La Unidad de Operaciones Especiales era la más joven del Grupo Especial, ya que había sido fundada por el capitán Julio Yáñez Golf el 1 de enero de 1968. La evacuación de los ciudadanos españoles, más de trescientos, se llevó a cabo rápidamente y sin apenas incidentes. Los de Río Muni, la provincia continental, fueron evacuados el 26 de marzo y los de Fernando Poo, la insular, el 2 de abril.

Evacuación de Ifni. Operación Tabaiba

Para evitar un conflicto con Marruecos, el Gobierno español decidió rubricar, en enero de 1969, el Tratado de Retrocesión de la provincia española de Ifni al Reino magrebí. El tratado entró en vigor el 30 de mayo de 1969, fecha de inicio de la evacuación de los casi diez mil súbditos españoles que todavía permanecían en Ifni. Siguiendo las lecciones aprendidas en Guinea, se alistó una Fuerza de Desembarco del Grupo Especial por si la situación se complicaba. La Fuerza de Desembarco, la Task Force "Romeo" contaba con quinientos infantes de Marina embarcados en el TA-21 Castilla. A finales de junio finalizó la evacuación sin incidentes y sin que fuera necesaria su intervención.

La reforma Nieto

Desde la creación del Grupo Especial en 1957, tanto los medios navales y de desembarco como los criterios sobre su utilización habían evolucionado mucho, lo que aconsejaba actualizar la orgánica y la misión de la Infantería de Marina. El ministro de Marina, el almirante Nieto Antúnez, la definiría así en el Decreto de 1968 denominado "Reorganización de la Infantería de Marina": "Un Cuerpo formado por tropas especiales, una fuerza que dentro de la Armada tiene como misión principal llevar a cabo acciones militares en la costa iniciadas en la mar con arreglo a los planes dictados por el mando".

La primera consecuencia de este decreto fue la creación del Tercio de Armada el 19 de julio de 1969, la Fuerza de Desembarco y el núcleo fundamental de la Infantería de Marina. La unidad quedó formada por un cuartel general (con Estado

Infantes de Marina de la Agrupación de Canarias a bordo de un camión anfibio Pegaso VAP 3550/1, vehículos fabricados en España por ENASA. Instantánea captada en 1982. © Oficina de Conservación Histórica de la Infantería de Marina

Mayor, unidad de comunicaciones y unidad de cuartel general), la Agrupación de Desembarco (con plana mayor y servicios, dos batallones de desembarco y la Unidad de Operaciones Especiales), la Agrupación de Apoyo de Combate (con Plana Mayor y Servicios, Batallón de Armas Pesadas de Desembarco, compañía de zapadores, compañía de carros de combate y compañía mixta contracarro y antiaérea) y la Agrupación de Apoyo Logístico (con Mando y Secretaría, Grupo Logístico de Combate y Grupo Logístico de Base).

Al igual que el Grupo Especial en su momento, las tablas de armamento y material del Tercio de Armada de 1970 aspiraban a una completa motorización de la unidad. La dotación era de 98 *jeeps*, 170 camiones de diferentes modelos, 220 remolques, 52 mulas mecánicas, 12 camiones anfibios DUKW, 25 tractores anfibios LVT-4, 8 obuses autopropulsados M-52, 5 cañones contracarro M-56 y 17 carros de combate M-48. Si bien el Tercio de Armada estaba bien armado y equipado, estas fantásticas cifras nunca llegaron a alcanzarse.

Además de la misión como Fuerza de Desembarco, la Infantería de Marina recibió el tradicional cometido de ser Fuerza de Defensa y Seguridad en las instalaciones navales de su Zona Marítima. Conformaban dicha fuerza los ya existentes Tercios y Agrupaciones. El Tercio de Baleares, con el cierre de la base naval a la que daba seguridad, se disolvió a finales de 1963.

Tal división no fue fácil de aceptar inicialmente, pues se creía que se podían crear dos Infanterías de Marina "de distinta calidad y a diferentes velocidades". La Comandancia General palió esta posibilidad con la creación dentro de los Tercios y Agrupaciones de una nueva unidad, capaz de desplegar en cualquier lugar de su Zona Marítima e integrarse, en caso de necesidad, en el Tercio de Armada: la Unidad de Intervención Rápida (UNIR). La UNIR contaba con Plana Mayor, una compañía de fusiles y una compañía de armas. Su sección más potente era la blindada de la compañía de armas, equipada con los blindados ligeros franceses Panhard M-3 VTT y AML-60. El último cometido marcado al cuerpo por el Decreto 1148 era el de ser fuerza en dotaciones de buques, esto es, la misión tradicional de guarnición y fuerza en grupos de asalto y dotaciones de presa.

Evacuación del Sáhara. Operación Tritón

Ante la inminente transferencia de la administración total del Sáhara español y la consiguiente independencia del territorio, la Armada recibió el 31 de octubre de 1975 la orden de poner en marcha la Operación Tritón. El cometido de la Fuerza Anfibia Operativa era ocupar, a la orden, una cabeza de playa en la zona del puerto de El Aaiún, de forma que el embarque de las fuerzas españolas quedara protegido.

La Fuerza de Desembarco (TF-91), compuesta por tres mil quinientos infantes de Marina, fue activada en un tiempo récord. Quedó constituida por prácticamente todo el Tercio de Armada, reforzado por la UNIR de la Agrupación de Canarias. El 20 de noviembre de 1975, mientras realizaba un ensayo en la isla de Fuerteventura, la TF-91 recibió la orden de cancelar la operación y regresar a la Península. Como sucedió en Ifni unos años antes, el empleo de la Infantería de Marina no fue necesario.

Mientras, en el Sáhara, se sucedían las acciones hostiles sobre la población y los intereses españoles, lo que obligó a la Comandancia General de Canarias a proteger las localidades de Villa Cisneros y La Agüera. La Agrupación de Canarias envió a La Agüera a la compañía del capitán Manuel Julio López-Amado Castrillón y a Villa Cisneros a la sección del teniente Juan Antonio Chicharro. La sección del teniente Cazorla, además de repatriar los restos de los cadáveres españoles enterrados en el cementerio, arrió la última bandera española de La Agüera. El capitán Berral hizo lo mismo con la de El Aaiún. El 12 de enero de 1976, en Villa Cisneros, la sección del teniente Chicharro presentó armas durante el arriado de la bandera de la Ayudantía Militar de Marina, la última que ondeó en el Sáhara español.

Al servicio de Su Majestad

La Compañía Mar Océano de la Guardia Real se fundó el 1 de diciembre de 1981 y quedó encuadrada en el Grupo de Honores. Se le asignó la misión de dar seguridad a la familia real y realizar las guardias en el Palacio de La Zarzuela y los Palacios Reales de Madrid y de El Pardo.

Esta unidad representa a la Infantería de Marina en la Casa de S. M. el Rey y tiene el honor de prestar sus servicios cerca de la familia real, manteniendo con celo las tradiciones y costumbres del cuerpo.

Nuevos buques. Mayor capacidad de proyección

Con el paso del tiempo, no solo mejoraron los medios de la Infantería de Marina; también la Fuerza Naval potenció sus capacidades, constituyendo así una poderosa fuerza anfibia. En 1971 se incorporó a la Armada el buque tipo LSD (Landing Ship Dock) L-31 Galicia, que disponía de un dique inundable y de una cubierta de vuelo para helicópteros. Fue el primero de este tipo con el que contó el Mando Anfibio. No menos importante fue la llegada, en esas mismas fechas, de tres buques tipo LST (Landing Ship Tanks) que fueron matriculados L-11 Velasco, L-12 Martín Álvarez y L-13 Conde de Venadito. Contaban con amplias bodegas para vehículos y sollados para tropa. Eran capaces de varar en la orilla, descargando sus medios directamente en la playa.

La necesaria renovación de los transportes de ataque pudo llevarse a cabo en 1980 con la llegada de dos buques de procedencia estadounidense. Recibieron el mismo nombre que sus antecesores, esto es, L-21 Castilla y L-22 Aragón.

Ruedas nacionales y cadenas extranjeras

En los años sesenta, la industria española del motor comenzó a producir vehículos, tanto turismos como industriales, capaces de atender los pedidos de una clientela cada vez más exigente. Ya en los setenta, firmas como Santana Motor y Pegaso producían coches y camiones por miles, satisfaciendo también las necesidades de unas Fuerzas Armadas que veían cómo los vehículos procedentes de la Ayuda Americana se acercaban al final de su vida operativa. Había llegado la hora de circular, y hasta de navegar, sobre ruedas españolas.

La Infantería de Marina se apuntó a la renovación de sus vehículos de ruedas. En poco más de una década las unidades estaban dotadas con vehículos ligeros Land Rover Santana y camiones Pegaso. Algunas de las aportaciones de la industria nacional resultaron muy novedosas, aunque de poca utilidad táctica, como el camión anfibio 3550/1 VAP o el Blindado Ligero Ruedas 3545 (BLR). Ambos vehículos estaban fabricados por Pegaso.

Para la renovación de los de cadenas se siguió confiando en el mercado exterior. Los LVT-4 habían alcanzado el límite de su vida operativa y la Compañía de Tractores Anfibios pedía a gritos la llegada de un nuevo vehículo. El relevo natural no podía ser otro que el LVT-7. En 1972, la Armada adquirió dieciséis vehículos de transporte de tropas, dos de comunicaciones y uno de recuperación.

En 1983, llegaron a la Base Naval de Rota seis obuses autopropulsados M-109A2, que se integraron en la Tercera Batería del Batallón de Armas Pesadas de Desembarco del Tercio de Armada. Cuatro años más tarde recibió seis vehículos de municionamiento M-992 FAASV (Field Artillery Ammunition Supply Vehicle). Finalmente, en 1985, la Infantería de Marina adquirió diecisiete unidades del que sería el blindado más popular y querido por los carristas del cuerpo: el carro ligero Scorpion. Los vehículos quedaron encuadrados en la Compañía de Carros del Grupo Mecanizado Anfibio.

El Plan E-01. El gran salto adelante

Con la puesta en marcha del Plan E-01 a principios de 1996, la Infantería de Marina quedó estructurada en tres componentes: la Comandancia General, la Fuerza y el Apoyo a la Fuerza. La Fuerza, a su vez, contaba con la Fuerza para las Zonas Marítimas (Tercios y Agrupaciones) y la Fuerza para la Flota (el Tercio de Armada). Este último tuvo, a su vez, un importante cambio orgánico ya que desaparecieron las Agrupaciones (de Desembarco, de Apoyo de Combate y de Apoyo Logístico), quedando el Tercio de Armada (TEAR) compuesto por la Brigada de Infantería de Marina y la Unidad de Base.

Este plan también desarrolló doctrinalmente el concepto de tres niveles de Fuerza con los que poder intervenir operativamente: A) La Fuerza de Intervención, con trescientos componentes procedentes de las unidades de operaciones especiales, para realizar incursiones; B) la Fuerza de Intervención Inmediata, compuesta por mil quinientos infantes de Marina capaces de embarcar en cuarenta y ocho horas, cuya base era un batallón de desembarco, reforzado con unidades de apoyo de combate y apoyo de servicios de combate; y, C) la Fuerza de Intervención Rápida, con la brigada al completo, esto es, más de tres mil quinientos infantes de Marina.

Todas estas organizaciones operativas se articulaban para asaltos anfibios de objetivo limitado, con escasa huella logística en tierra y dependencia de los buques tanto en medios aéreos como de apoyo de fuego.

Junto al Plan E-01, centrado en las operaciones anfibias, llegaron nuevos medios que multiplicaron las capacidades del cuerpo. En 1993, tras una profunda revisión

Fusileros del Tercio de Armada durante un ejercicio en el Campo de Adiestramiento de la Sierra del Retín (Cádiz), 1992. © Oficina de Conservación Histórica de la Infantería de Marina

Tractor anfibio AAV-7A1 desembarcando por la rampa de popa del LST (*Landing Ship Tank*, buque de operaciones anfibias) clase Newport L-42 Pizarro, navío en servicio en la Armada española entre 1995 y 2012, periodo durante el cual participó en varias misiones de paz de la ONU e intervenciones humanitarias. Fotografía tomada en 1997. © Oficina de Conservación Histórica de la Infantería de Marina

industrial, llegaron al Tercio de Armada dieciséis carros M-60A3 TTS, dando de baja los gastados M-48E. A lo largo de 1995 se terminaron de recibir las ciento veintitrés unidades del mítico Hummer, un vehículo polivalente que estuvo disponible en diferentes versiones: carga, mando, ambulancia, comunicaciones, contracarro y porta armas. No hubo tarea que el Hummer no pudiera hacer ni escenario en el que los infantes de Marina no lo desplegaran.

El complejo proceso industrial para transformar los tractores anfibios LVT-7 en AAV-7A1 (Amphibious Assault Vehicle) comenzó en diciembre de 1997. El programa de modernización de las diecinueve unidades fue completo y costoso: más de treinta y seis millones de euros. En mayo del año 2000 se recibió en el Tercio de Armada el último de los ansiados AAV-7A1.

Los medios navales también dieron un gran salto adelante en la última década. Los LST de la clase Terrebonne Paris fueron dados de baja y sustituidos por dos de la clase Newport, el L-41 Hernán Cortés y el L-42 Pizarro. Los transportes de ataque L-21 Castilla y el L-22 Aragón dieron paso a los modernos buques de asalto anfibio L-51 Galicia y L-52 Castilla, provistos de dique inundable y hangar de vuelo.

La Infantería de Marina, con la sólida base doctrinal implantada por el Plan E-01, con mejores medios y con la completa profesionalización, estaba lista para hacer frente a su último reto del siglo XX: la participación en misiones internacionales.

La Infantería de Marina en al ámbito internacional. El IFOR

Desde 1989, la Infantería de Marina tenía desplegados observadores en distintas misiones internacionales. Los primeros escenarios fueron, de la mano de Naciones Unidas, Centroamérica (ONUCA), Angola (UNAVEN), Mozambique (ONUMOZ) y, posteriormente, Bosnia Herzegovina (UNPROFOR). Estos oficiales hicieron una gran labor, pero el deseo del cuerpo era enviar de misión unidades completas.

En 1996, tras varias activaciones fallidas, llegó la oportunidad. En julio de ese año un batallón reforzado, sobre la base del Primer Batallón de Desembarco, se integró en la Fuerza de Implementación de la OTAN (IFOR) para Bosnia Herzegovina. Estaba compuesto por Plana Mayor, dos compañías de fusiles, una compañía de armas y una compañía de Plana Mayor y Servicios. El denominado Tercer Batallón de Infantería de Marina (BIMAR III) estaba completamente motorizado y contaba con sesenta y tres Hummer y diez camiones.

Su área de responsabilidad fue la región sudeste de Bosnia Herzegovina, desplegando en las localidades de Trebinje, Bileca y Dracevo. En diciembre regresó a San Fernando, tras haber realizado más de mil patrullas y recorrido con sus Hummer, que dieron un magnífico resultado, más de 500 000 kilómetros.

Epílogo

La Infantería de Marina había alcanzado a finales de los años noventa un alto grado de operatividad y eficacia. Sus medios y adiestramiento eran adecuados y su personal, completamente profesional, estaba altamente capacitado y motivado. En sesenta años había pasado de no tener una misión definida a participar en misiones internacionales. Con el inicio del siglo XXI, el cuerpo estaba listo para asumir nuevos retos y nuevas misiones. Pero esa es otra historia. ∎

9 ¿Tienen las capacidades anfibias un futuro incierto?

Samuel Morales Morales

Asistimos durante los últimos años a una vertiginosa configuración del espacio de seguridad en el ámbito internacional. El auge de nacionalismos de carácter exacerbado, los movimientos terroristas de ámbito global, la proliferación de actores no estatales, la paulatina pérdida de influencia y representatividad del sistema internacional creado tras la Segunda Guerra Mundial y un incipiente mundo multipolar, el carácter disruptivo de algunas tecnologías que hasta hace años eran características del sector privado, son algunos de los acontecimientos que configuran la cambiante realidad internacional en nuestros días.

La incertidumbre sobre la evolución de los acontecimientos futuros y la interdependencia entre las acciones y omisiones de los diferentes actores se presentan como dos de las principales características que influyen en nuestra percepción de un mundo que, como consecuencia de la globalización y el auge de las nuevas tecnologías, se encuentra cada vez más conectado.

En este mundo cambiante parece hacer resurgido, si es que alguna vez nos abandonó del todo, una disciplina obviada durante los últimos años, la geopolítica. Esta disciplina, en la concepción de la escuela germana de la *Geopolitik*, se entiende como la necesidad de controlar ciertos espacios para aumentar el poder o garantizar la supervivencia. La fuerza militar, más que para zanjar una controversia política, se emplea cada vez con más frecuencia para establecer las condiciones en las cuales el objetivo político podrá lograrse.

De forma paulatina se ha producido una evolución en los conceptos de paz y guerra, dejando atrás el tiempo donde la paz se comprendía como la ausencia de la guerra y donde los acontecimientos se encadenaban siguiendo un proceso lineal que pasaba por los estadios de paz, crisis, guerra y acuerdo para volver a la situación de paz. El mundo actual se caracteriza por enfrentamientos continuos en los que los adversarios buscan influenciarse mutuamente, incluso mediante acciones de carácter político desarrolladas con herramientas militares que necesariamente se deben ejecutar en concordancia con el resto de las medidas que implementen los gobiernos con intención de lograr una ventaja en el enfrentamiento.

Un tipo de enfrentamiento que como ya anticipó en su libro *The Utility of the Force* el general británico Rupert Smith, comandante en jefe adjunto de las fuerzas aliadas en Europa (SACEUR) entre los años 1998 a 2001, verá transicionar el paradigma de la guerra contemporánea desde un concepto de "guerra industrial", donde el reto era quebrar la voluntad del adversario para luego determinar el resultado y llegar a la salida política deseada, hacia un nuevo concepto de "guerra en medio de la población", donde el objetivo es modificar las intenciones, o captar la voluntad, no solo del adversario, sino también de la población de la zona de operaciones.

El valor de las capacidades anfibias

El general estadounidense James Amos (2011) definió el principal valor de las unidades anfibias sobre la base de su capacidad para proyectar fuerzas desde el mar, en un entorno operacional incierto, de forma muy rápida y sin necesidad de pausas operacionales para reorganizarse; proporcionándose en todo momento protección y sostenimiento autónomo. Una definición plenamente vigente hoy en día.

CABO DE FUSILEROS DEL TERCIO DE ARMADA (TEAR) de la **INFANTERÍA DE MARINA** española, equipado con el uniforme de **CAMUFLAJE ÁRIDO PIXELADO** de campaña y maniobras, así como con la panoplia más moderna disponible a fecha de 2024. Así, porta como arma principal un **FUSIL DE ASALTO HK (HECKLER & KOCH) G-36E**, en tanto guarda en su funda, asegurada a su pierna diestra, una pistola Glock 17 como arma secundaria. Aparte del chaleco portaplacas –que muestra la galleta que permite identificar al soldado, su rango y la unidad de pertenencia– que, aparte de proporcionar protección antibalas, permite distribuir toda una serie de cartucheras con munición y equipo adicional, completa su equipamiento un casco de kevlar Cobat, envuelto en su funda de camuflaje, al que lleva fijadas unas **GAFAS DE VISIÓN NOCTURNA MINI N/SEAS.**

© José Luis García Morán

Miembros del Tercio de Armada de maniobras. El soldado de la izquierda sostiene un fusil de asalto HK G-36KV, es decir, la versión corta del mismo, en tanto porta a la espalda un lanzacohetes Instalaza C90. Su compañero se equipa, en cambio, con un fusil de francotirador HK 417. © Xcabalt

Además, en un entorno de seguridad complejo, incierto y dinámico como el actual, las capacidades anfibias poseen tres características que son exclusivas dentro de las Fuerzas Armadas. En primer lugar, proporcionan opciones de respuesta y amplían el margen de maniobra del nivel político al operar sin estar constreñidas por el empleo de infraestructuras locales o el apoyo de países terceros. En segundo lugar, son lo bastante ligeras como para ser desplegadas rápidamente, pero también poseen la suficiente capacidad de combate como para llevar a cabo operaciones a lo largo de todo el espectro del conflicto, desde el combate convencional a la guerra irregular, pasando por acciones de guerra híbrida. En tercer lugar, están diseñadas y equipadas para operar con un carácter expedicionario. Este carácter influye no solo en la forma en la que se organizan, adaptadas para ser desplegadas rápidamente, manteniendo un alto nivel de alistamiento, sino que también condiciona los equipos y sistemas de armas de los que se dota, y que contribuyen a mantener las antedichas capacidades.

Gracias a estas características, las capacidades anfibias constituyen un elemento insustituible para hacer frente a las operaciones de respuesta de crisis. Unas operaciones que suelen ser incompatibles con una respuesta de carácter gradual. Cualquier fuerza alistada para participar en operaciones de respuesta de crisis debe poseer la habilidad de desplegarse de forma inmediata con las capacidades y el adiestramiento disponible en ese momento, lo que exige un alto nivel de adiestramiento y disponibilidad. De lo contrario, no solo se corre el riesgo de no proporcionar una respuesta oportuna, sino también de convertirse en una capacidad irrelevante. Además, proporcionar una respuesta extemporánea o poco eficaz tiene la potencialidad de crear estados de opinión que condicionan de manera importante las decisiones de un gobierno, llevando incluso en algunos casos a colaborar en la caída de estos. Por otra parte, tal como afirma el vicealmirante *sir* Geoffrey Biggs (2008):

[…] el coste [de las capacidades anfibias], siempre que se empleen adecuadamente, es altamente eficiente en términos de flexibilidad y en su empleo, y por tanto como proveedor de opciones de respuesta a nivel político. Todo ello con la capacidad de hacerse a la mar con un escaso tiempo de activación, manteniéndose en aguas internacionales y por lo tanto sin la necesidad de gestionar apoyos de países terceros o sobrevuelos. Además, mantiene altos niveles de suficiencia logística, lo que permite permanecer en la mar durante largos períodos de tiempo o replegarse [...].

Esta capacidad de avanzar, retroceder o dispersarse, sin violar las fronteras internacionales o replegarse de un territorio, proporciona una gran flexibilidad e independencia estratégica al nivel político.

En clave militar es importante valorar la contribución de las capacidades anfibias a los niveles estratégico y táctico. A nivel estratégico, una fuerza anfibia presenta la libertad de no condicionar la maniobra a la existencia de puertos, aeropuertos o cualquier otra infraestructura. Sus inherentes aptitudes permiten su concentración dónde y cuando sea necesario, lo que genera una gran incertidumbre en el adversario. Además, en caso de conflicto armado, su despliegue proporciona la capacidad de generar un segundo esfuerzo si fuese necesario.

A nivel táctico, la competencia para desarrollar operaciones anfibias proporciona al comandante del mando componente naval la posibilidad de influir de forma decisiva en el entorno litoral. Una operación anfibia, y este es un elemento relevante, no consiste en el mero desembarco administrativo de tropas, sino en la continuación de las operaciones en el espacio terrestre, a través del flanco marítimo, gracias a la movilidad, la sorpresa y la generación de la incertidumbre.

Es evidente que estas características, que, como decíamos con anterioridad, son exclusivas de las fuerzas anfibias, procuran a nivel estratégico y político un gran abanico de posibilidades de empleo. Sin embargo, es necesario adoptar un enfoque amplio en las operaciones de respuesta de crisis y realizar una utilización óptima de los talentos de las fuerzas armadas, alejada de una visión limitada o sometida a intereses espurios.

La evolución del entorno de seguridad internacional y el auge de la importancia del litoral permiten inferir fácilmente que las capacidades anfibias estarán cada vez más involucradas en operaciones de contrainsurgencia y contraterrorismo, siempre que se afronte el empleo de la herramienta militar desde una aproximación flexible y adaptable, centrada en el uso de todas las competencias disponibles, pero sin abandonar definitivamente el conflicto tradicional. Sin embargo, tradicionalmente las capacidades navales, entre las que se encuentran las anfibias, han sido consideradas un elemento de apoyo de las terrestres en operaciones de guerra irregular o de contrainsurgencia, llegando a su infrautilización incluso cuando esas operaciones se desarrollan en un entorno litoral.

La aplicación de un enfoque marítimo a las operaciones de guerra irregular o contrainsurgencia posibilita la interrupción de las líneas logísticas de carácter marítimo que apoyan a los grupos insurgentes y permite desarrollar operaciones desde plataformas navales con una orientación que va más allá de la mera realización de una acción directa, manteniendo una reducida firma logística en tierra, sin enfrentar la soberanía de ningún Estado y sin la necesidad de contar con el apoyo de terceros países.

Además, estas capacidades poseen atributos únicos para realizar acciones de seguridad cooperativa o de reforma del sector de la seguridad en estados frágiles o naciones emergentes a través de la disuasión, impidiendo la ejecución de actividades como la piratería, los tráficos ilícitos de todo tipo y la proliferación de armas o, llegado el caso, derrotando a estas organizaciones en el mar y desde la mar.

Bajo esta aproximación, basada en el empleo eficiente de las aptitudes de las fuerzas armadas, la Rand Corporation (2012) destaca los siguientes tipos de operaciones entre todos los posibles: operaciones especiales marítimas; vigilancia y reconocimiento de la actividad insurgente desde plataformas navales y aéreas basadas en estas; operaciones de interdicción marítima; y, protección de plataformas navales o intereses nacionales de carácter marítimo.

Sin embargo, desde una perspectiva centrada en el ámbito militar, las intervenciones desarrolladas en el marco de la guerra global contra el terrorismo han producido en algunos sectores falsas ilusiones sobre la forma de conducir los conflictos. Entre ellas, una de las más relevantes es la proliferación de una visión donde el combate terrestre siempre será el esfuerzo principal, donde los medios aéreos y navales actúan como esfuerzos secundarios o en apoyo.

Siguiendo esa línea de pensamiento, Max Hastings (2007) llegó a publicar en el periódico *The Guardian* que las fuerzas armadas británicas debían transformarse para que su Fuerza Terrestre se convirtiese en su elemento principal, que su jefe de Estado Mayor fuese siempre un general de esa fuerza, y que tanto la Fuerza Aérea como la Armada deberían reestructurarse para apoyarla, ya que la naturaleza futura del conflicto giraría en torno a la guerra irregular.

Estas corrientes de opinión, entre otras causas, llevaron a valorar la reducción de las capacidades anfibias del Reino Unido como una de las hipótesis de trabajo durante la revisión de las capacidades de la seguridad nacional británica establecida tras la publicación de 2015 Strategic Defence and Security Review. Su planteamiento incluía la reducción de dos buques anfibios de la clase Albion y mil efectivos de los Royal Marine Commandos, lo que representa alrededor de un quince por ciento del total de su fuerza. El resultado sería que el Reino Unido perdería su capacidad para realizar operaciones anfibias.

La mera existencia de esta hipótesis provocó la creación de una comisión en el Parlamento británico que publicó un informe en enero de ese año. Tal como se constata en el informe, es necesaria una gran precaución a la hora de tomar decisiones basadas exclusivamente en criterios políticos, presupuestarios o regidos por una dinámica de "suma cero" entre ejércitos.

Las nuevas capacidades anfibias y las viejas ideas

Este empleo efectivo de la proyección del poder naval, basado en unas capacidades de proyección únicas, fue ejemplificado durante el conflicto de Afganistán, cuando las primeras fuerzas convencionales sobre el terreno en 2001 fueron proyectadas desde el océano Índico, manteniendo una reserva embarcada. Si bien este hecho no es extrapolable, no solo por ingente capacidad técnica, sino fundamentalmente por la mentalidad en la planificación de las operaciones –una mentalidad que hace años dejó atrás conceptos limitados como el de la cabeza de playa y se orientó a la maniobra buque objetivo–, proporciona un claro ejemplo de la proyección del poder naval sobre tierra a futuro.

Ante este ejercicio de proyección de la fuerza, la definición del concepto litoral al que ya se ha hecho referencia no es baladí ni se limita a opciones superadas ampliamente por las capacidades actuales, ni tampoco está exenta de dificultad, ya que se relaciona directamente con las capacidades propias. Litoral significa "costa" o "perteneciente a la costa". Sin embargo, su significado, en la práctica, tiene importantes diferencias. Para la Marina de los Estados Unidos, el concepto de "litoral" está relacionado con la capacidad de influir en los acontecimientos mediante la proyección de fuerza sobre tierra. Oficialmente los Estados Unidos dividen el concepto "litoral" en dos partes: la marítima, que es la zona comprendida entre el mar abierto y la costa, que debe ser controlada para apoyar las operaciones en tierra; y, la terrestre, que es la zona en tierra que debe ser apoyada y defendida directamente desde el mar.

Esta aproximación a su definición muestra la importancia de precisar, en apoyo a la planificación y ejecución de las operaciones y de acuerdo con las capacidades propias en cada momento, la zona geográfica comprendida dentro del concepto de "litoral", evitando con ello indefiniciones o ambigüedades. De forma general, este concepto podría ser entendido por una marina que posea unas capacidades importantes, como la franja de mar u océano que debe controlar para poder apoyar las operaciones en tierra; mientras que, para una marina de capacidades más limitadas, el litoral comprendería la franja terrestre que se puede apoyar y defender directamente desde el mar. Su delimitación, en función de las capacidades disponibles para proyectar el poder naval sobre tierra, contribuye a concretar las zonas de acción de los diferentes componentes implicados.

Un obús autopropulsado (ATP) M-109A2 del Grupo de Artillería de Desembarco (GAD) del Tercio de Armada, desembarca en El Omayed (Egipto), durante el ejercicio multinacional Bright Star 01, el 20 de octubre de 2001. Fotografía de Myles Cullen. © USAF

No debe obviarse que, para que un poder naval sea de verdad resolutivo en un entorno litoral, tiene que proyectarse en tierra, lo que es una de las tareas que posee mayor complejidad para cualquier marina de guerra, pero que de forma simultánea proporciona unas notables capacidades de prevención y disuasión, ampliadas por la evitación de las restricciones e imposiciones que imponen las dependencias derivadas de los necesarios permisos de sobrevuelo de terceros países o de apoyo de la nación anfitriona.

Las posibilidades que ofrece una capacidad anfibia creíble, tal como afirma Milan Vego, es una de las mejores virtudes que puede tener una marina de guerra, pues con ella obliga a una potencia terrestre a dedicar gran cantidad de fuerzas y mucha atención a la defensa de aquellas zonas de su costa susceptibles a que se pueda desarrollar un desembarco anfibio, consiguiendo con una amenaza anfibia verosímil que tenga de forma permanente fuerzas dedicadas a la defensa de sus costas e islas exteriores, aspecto que adquiere su verdadera dimensión si se considera la zona litoral y no exclusivamente la costa.

De manera, generalmente aceptada, se puede considerar que, entre otros, los factores necesarios para alcanzar el éxito en una operación anfibia son: la sorpresa operacional y no solo táctica, la existencia de bases seguras cerca del área de operaciones, un sistema de mando y control muy integrado, una buena cooperación entre ejércitos, debido a su carácter eminentemente conjunto, y unas fuerzas participantes con unos elevados niveles de adiestramiento y alistamiento. Y es precisamente el carácter conjunto de las operaciones anfibias en la actualidad, uno de los elementos que plantea una de las mayores amenazas para alcanzar el éxito de una operación, tal y como fue anticipado por Liddel Hart en su ensayo *The Value of the Amphibious Flexibility and Forces* al afirmar que

> [...] El error más común en los desembarcos anfibios que con frecuencia condujo a fracasos fue el desconocimiento sobre las responsabilidades de cada ejército. Con demasiada frecuencia, los asaltos fracasaron o no dieron los resultados apetecidos debido a discusiones entre ejércitos que con sus distintos puntos de vista y lealtades bien podrían ser considerados los mejores aliados del enemigo [...].

La indispensable acción conjunta necesaria, e incluso integrada, en las operaciones militares hace necesario considerar también la proyección del poder naval en apoyo de un esfuerzo realizado por un componente terrestre a través de la zona litoral. Este apoyo es una de las tareas operacionales y tácticas más importantes y, a la vez, más complicadas de organizar, planificar, preparar y ejecutar por fuerzas navales y aéreas. El problema se agrava por la necesidad, a veces requerida, de que las fuerzas navales realicen otras misiones importantes en otra zona del área de operaciones, lo que refuerza la necesidad de contemplar una estructura operativa que fomente el principio de unidad de mando para garantizar una cooperación a todos los niveles entre los distintos ejércitos. Un ejemplo de mando del que España fue pionera, de forma muy incipiente, durante el desembarco de Alhucemas en 1925 del que pronto celebraremos el centenario de su realización.

La organización actual de la Infantería de Marina

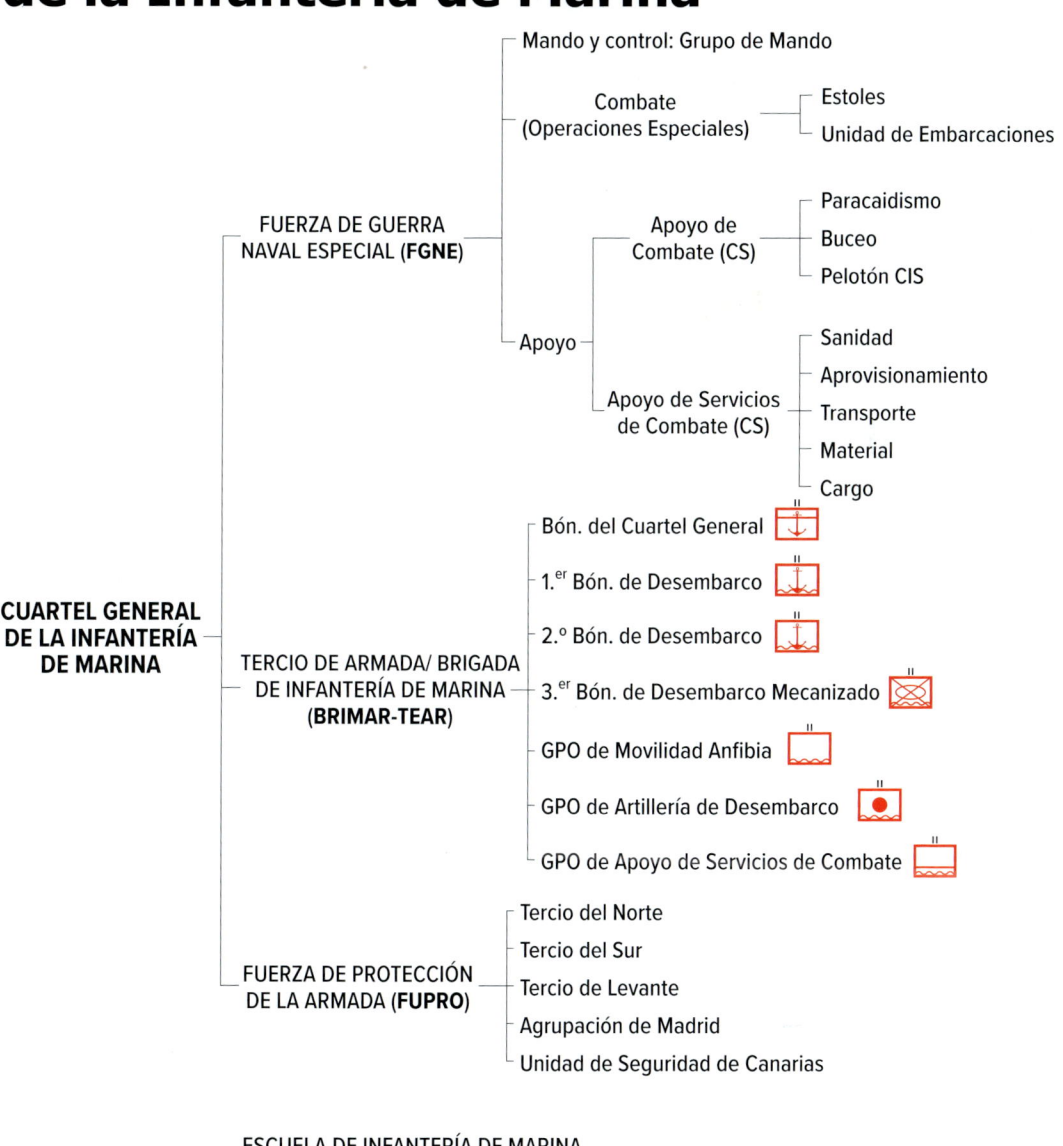

Un soldado del Tercer Batallón Mecanizado de Desembarco (BDMZ-III) del Tercio de Armada señala un indicador de artefacto explosivo improvisado a un cabo de los marines de Estados Unidos, en la sierra del Retín (España), el 23 de junio de 2011, durante el ejercicio anfibio bilateral desarrollado por fuerzas españolas y estadounidenses en esas fechas. Fotografía de Dwight Henderson. © U.S. Marine Corps

Por otra parte, no debe obviarse la adaptación a nuevas tendencias e incluso la investigación y experimentación a nivel nacional, para adaptar los elementos de la doctrina general de la Organización del Tratado del Atlántico Norte (OTAN) a las verdaderas capacidades disponibles. En este sentido, el desarrollo de conceptos propios para, por ejemplo, desarrollar estructuras de mando más reducidas e integradas en determinadas operaciones anfibias, a similitud del modelo desarrollado por el Combined Joint Operations from the Sea Centre of Excellence en apoyo a la Marina holandesa; o, el empleo de organizaciones operativas rápidamente desplegables –o incluso desplegadas con anticipación– de entidades reducidas pero organizadas para desarrollar cometidos limitados y proporcionar una presencia avanzada que facilite prevención o disuasión a potenciales amenazas, o para constituirse también en elemento avanzado de una entidad mayor que, una vez formada, contribuya a alcanzar objetivos de nivel operacional, antes de proceder de nuevo a su dispersión.

España. La geografía importa

España se encuentra, debido a su posición geográfica, particularmente expuesta al sur. En nuestro espacio geográfico próximo se sitúan algunas de las zonas vitales para la seguridad nacional materializadas por el Mediterráneo –en su definición más amplia–, el golfo de Guinea, la región sahelo-magrebí y el Cuerno de África. Zonas que, en gran medida, se encuentran conectadas por el entorno marítimo, un entorno que debe ser considerado más como espacio de maniobra y oportunidades que como un obstáculo. Este entorno está dominado por el mar Mediterráneo, puente estratégico para la seguridad de la Unión Europea; pero no se agota ahí, sino que también alcanza a la fachada atlántica del continente africano y, también, en menor medida, su vertiente oriental.

Debemos tener en cuenta que la fragilidad de los países africanos comprendidos en estas zonas ha aumentado en los últimos años en aspectos como el desarrollo económico, la situación política o los desafíos de orden sectario debido a causas más estructurales que coyunturales, incrementando no solo la inestabilidad sino también sus consecuencias migratorias, terroristas e insurgentes.

En esta región, la población se ha multiplicado por cinco entre 1950 y 2015 y se estima que se incrementará otro cincuenta por ciento hasta 2050. También el nivel de urbanización ha crecido durante ese mismo periodo desde el treinta al sesenta por ciento, lo que ha provocado el surgimiento de megaciudades en las que se encuentran grupos étnicos y tribales en un grado no conocido hasta la fecha en estos países.

Esta acumulación de amenazas favorece la aparición de un arco de inestabilidad que recorre la región de oeste a este y que tiene la capacidad potencial de afectar nuestra seguridad. Dicho arco de inestabilidad estará caracterizado en los próximos años, según un estudio de *The Economist*, por la concentración humana en el litoral, aspecto que permite prever que será esta zona en la que se generen las amenazas para la estabilidad de la región.

Así, es fácil inferir que una capacidad anfibia creíble, será una necesidad fundamental para que un poder naval pueda proyectarse en tierra y ser realmente resolutivo. Esta proyección es una de las tareas que posee mayor complejidad para cualquier marina de guerra, pero que también proporciona unas notables capacidades de prevención y disuasión. Esta realidad no desaparecerá en los próximos años, pero solo podrá ser explotada por aquellas Armadas y unidades anfibias que hayan sabido no solo adaptarse al entorno descrito, sino también al creciente carácter disruptivo que tecnologías de bajo coste están teniendo sobre las operaciones militares.

Desafíos y riesgos en la zona litoral

Para un país marítimo como España, condicionado como ya se ha indicado por su situación geográfica y las zonas donde se localizan los intereses vitales para la seguridad nacional –como ya hemos indicado con anterioridad, la Estrategia de Seguridad Nacional vigente establece las zonas vitales para esta en el área geográfica comprendida entre el Mediterráneo y el Sahel, el golfo de Guinea y el Cuerno de África–, consciente de las implicaciones que la seguridad posee para su normal desarrollo como país y el bienestar de sus ciudadanos, y con una limitada capacidad de proyección estratégica por vía aérea, el mantenimiento de una capacidad anfibia verosímil es una necesidad fundamental más que una opción posible.

Sin embargo, siendo España una nación eminentemente marítima y a pesar del gran número de estudios existentes sobre la evolución de las operaciones anfibias durante la segunda mitad del siglo XX y el siglo XXI, resulta muy común entre una gran parte de los profesionales de los Ejércitos y de la propia Armada, y también entre los asesores políticos, que al referirse a este tipo de operaciones evoquen desembarcos como los acaecidos durante la Segunda Guerra Mundial en Normandía, Tarawa, Iwo Jima o Guadalcanal, por citar quizá los más conocidos, ignorando la evolución que han sufrido estas operaciones y el empleo llevado a cabo por otras potencias navales.

Con esta aproximación, que identifica las operaciones anfibias como un mero desembarco de tropas sobre una costa, se está obviando que gran parte de las operaciones que han sido llevadas a cabo tras la Segunda Guerra Mundial permitieron alcanzar efectos militares por sí mismas, proporcionando resultados desproporcionados en relación con la entidad de fuerzas empleadas a través de la explotación de

MOWAG Piranha IIIC de la Infantería de Marina española, durante unas maniobras abiertas al público. Este tipo de vehículos fueron diseñados para servir como plataforma universal, capaz de transportar equipo y armamento diverso con adaptaciones mínimas. © OUTISNN

factores como la sorpresa y el efecto de choque. Además, y según demuestran los análisis históricos desarrollados (Benbow, T., 2006), el empleo de las capacidades anfibias se ha constituido más como una herramienta política que puramente militar, tal y como quedó plasmado en febrero de 2023, cuando España fue unos de los primeros países en apoyar sobre el terreno a Turquía gracias a tener una Fuerza Anfibia en el Mediterráneo, en el marco de la Operación "Dédalo", con una relevante fuerza de desembarco integrada. Sin esta organización operativa, el apoyo prestado por las Fuerzas Armadas en general y por la Armada en particular, pero, sobre todo, el rédito político alcanzado por el Gobierno español gracias a la inmediatez de una respuesta realmente efectiva, hubiesen sido bastante menores.

A pesar de ello, y podría decirse que sorprendentemente, el potencial político que poseen unas capacidades anfibias creíbles y alistadas, mientras que no es valorado suficientemente en un país con una larga trayectoria anfibia como España, es perfectamente asumido por un recién llegado a la arena anfibia como Australia, al establecer en su doctrina que su fuerza anfibia "[…] proporciona al gobierno una alternativa rentable para moldear y ejercer su influencia en el entorno geopolítico […]", lo que se alinea a la perfección con el hecho constatado –en aquellos países que, como el Reino Unido, disponen de una dilatada tradición en el empleo de sus fuerzas anfibias como herramienta de la política– de que un elevado número de las decisiones adoptadas en el nivel político-estratégico durante la gestión de una crisis responden, más que a un detallado proceso de planificación, a una decisión basada en la necesaria inmediatez de respuesta requerida por ese mismo nivel político.

Por otra parte, la presencia de actores estatales y no estatales y las nuevas amenazas, entre las que se pueden citar el auge de los medios de negación de área –así, en julio del año 2006 las milicias chiíes de Hezbolá atacaron a un buque de guerra israelí; la acción, según fuentes militares israelíes, tuvo lugar con un avión no tripulado cargado con explosivos que impactó en la popa de una corbeta Saar 5; más recientemente, en el mes de julio de 2015, un buque del Ejército egipcio fue atacado con un misil antitanque disparado desde tierra –el ataque fue reivindicado por el grupo yihadista Provincia del Sinaí, afiliado a DAESH– y, más recientemente, desde 2023 los rebeldes hutíes, presuntamente apoyados por Irán, y operando desde Yemen, han conseguido influir sobre las cadenas de suministro mundiales que transitan a través del Mar Rojo. Además, la capacidad de vigilancia proporcionada a través de tecnologías de carácter civil, harán necesaria que la ejecución de las operaciones se desarrolle con un elevado nivel de descentralización, donde se necesitará aplicar el estilo alemán de *Führen mit Auftrag* (*mission command*), evitando que el comandante del nivel operacional interfieran en las decisiones tácticas, a pesar de que los medios tecnológicos pueden llegar a proporcionar una percepción errónea de adecuada comprensión de la situación táctica.

Finalmente, no debe dejarse de lado la necesaria renovación de las capacidades existentes o la adquisición de otras nuevas si fuese necesario, para poder enfrentar con eficacia las nuevas amenazas existentes. Estas capacidades, requeridas para actuar en la zona litoral, deben someterse a un proceso que priorice de forma conveniente su adquisición. La determinación del espacio litoral se hace una vez más necesaria para afrontar una planificación basada en capacidades que responda a las necesidades en los siguientes ámbitos:

- Conectores para el transporte de medios pesados por superficie, desde una distancia que proporcione seguridad a los buques anfibios frente al incremento de las capacidades de negación de área utilizadas por actores no estatales;
- Medios de transporte aéreo que aporten la profundidad, la velocidad, el volumen de tropas necesarios y la protección para desarrollar acciones de carácter decisivo en explotación del *momentum* que proporcione la evolución de la situación;
- Medios de apoyo de fuego que fomenten la acción conjunta mediante la integración con otros ejércitos y la exploración de nuevas posibilidades como las que proporcionan los proyectiles guiados de artillería naval.

Una planificación que está sufriendo una metamorfosis que puede convertirse en una verdadera revolución perfectamente esperable en los próximos veinte años en el entorno litoral con el auge de los sistemas no tripulados, en una franja geográfica en la que confluyen todos los ámbitos y en la que se producirá la convergencia de sistemas no tripulados de todo tipo, tanto aéreos y de superficie como submarinos, así como de las tecnologías de inteligencia artificial asociadas. Esta confluencia supondrá un punto de inflexión en la forma en la que se obtendrá la información y se llevarán a cabo los ataques cinéticos. Una evolución en la que es predecible que los medios no tripulados se empleen en mayor número que hasta ahora, gracias a la utilización de sistemas comerciales de bajo coste adaptados a los requerimientos militares, que contribuirán a la sensorización del campo de batalla, los cuales también ofrecerán una capacidad de adaptación a la misión a través de una rápida y fácil configuración por módulos y que, finalmente, podrán llegar a ofrecer la posibilidad de operar en modo tripulado o completamente autónomo.

Así, este punto de inflexión, más cercano en el horizonte de lo que muchos esperan, obligará a fusionar en tiempo operativo toda la información que se obtendrá en los diferentes dominios para alcanzar, de esta manera, una verdadera ventaja sobre el adversario. Esta fusión necesariamente requerirá de la existencia de una plataforma común soportada por un sistema de comunicaciones fiable y gestionada mediante la integración de la inteligencia artificial. Además, y directamente relacionado con el desarrollo de vectores de vectores de proyección, alguna de las líneas de investigación, progreso e innovación en el marco de la defensa, apuntan hacia tecnologías que sean capaces de transformar las plataformas militares ya existentes en vehículos remotos operados en cualquiera de los ámbitos y conectados en red, que puedan controlarse remotamente de forma fiable a nivel individual o actuando de forma cooperativa en torno a una misión común, como bandadas a corto plazo y enjambres a medio plazo. Por ello, la combinación de plataformas tripuladas y no tripuladas será una creciente realidad en el futuro.

Además de un incremento en el empleo de los vehículos tripulados de forma remota como plataforma para realizar acciones cinéticas y obtener información del campo de batalla, también cabe esperar que estos dos cometidos se extiendan al ámbito marítimo, tanto en superficie como bajo ella. Así, los Long Range Unmanned Surface Vehicle [Vehículo de superficie no tripulado de largo alcance] constituirán un sensor en la superficie marítima que podrá llegar a contar con la capacidad de efectuar fuegos, pero, además, su modularidad le permitirá configurarse para llevar a cabo misiones de guerra electrónica, obtención de información, lucha contra minas, guerra antisubmarina, reconocimiento hidrográfico o como plataforma para el lanzamiento de otros sistemas no tripulados tanto aéreos como de superficie o submarinos.

También es esperable que se perfeccionen los vehículos autónomos desplegables desde submarinos, un sistema de armas que será vital para penetrar las burbujas A2/AD y que no solo utilizará estos vectores para obtener información, sino también para llevar a cabo acciones de minado ofensivo mediante minas autopropulsadas y autofondeables.

A una distancia de actuación menor, se contará con vehículos con los que se podrá realizar el reconocimiento de la costa o de los puertos antes de la llegada de una fuerza, contribuir a la búsqueda de material hundido en aguas poco profundas, realizar la revisión de daños en las unidades propias o en las instalaciones portuarias, o realizar la neutralización de artefactos explosivos en el entorno litoral, sobre todo en aguas costeras o en las instalaciones portuarias.

Pero quizá el ámbito en el que la revolución será más sorprendente por no haberse implementado apenas hasta la fecha es en el apoyo logístico a las unidades en especial en tierra, pero también a flote. Este nuevo sistema de apoyo logístico podría articularse sobre una combinación de plataformas de ala rotatoria, tripuladas

y no tripuladas, de distintas categorías que podrían trasladar cargas que van desde los 30 a los 1350 kilogramos. Estas tecnologías supondrán una verdadera revolución no solo en la provisión de apoyo logístico, sino también en la prestación de apoyo sanitario a las unidades de primera línea.

Por último, en lo referente al auge de estas nuevas plataformas, es fácil suponer que surgirá la necesidad, ante su incorporación de forma generalizada, de coordinar el desarrollo de los programas en curso con objeto de validar conceptos, doctrina y modos de empleo; lo que permitirá una integración y explotación de estos sistemas más eficaz en las operaciones multidominio como las que se llevan a cabo, necesariamente, en el entorno litoral. Una necesidad que de forma incipiente ya se ha materializado en el Centro de Experimentación de la Marina portuguesa en Troia y del España y la Armada, como uno de los países más importantes en el ámbito anfibio europeo, podría tomar mayor iniciativa.

Médicos militares y soldados de la Unidad de Operaciones Especiales (UOE) –que desde el 10 de junio de 2009 quedó integrada en la Fuerza de Guerra Naval Especial (FGNE)– ejecutan un simulacro de atención a un herido y aguardan, en posición, a ser evacuados en el marco del Red Flag combat Search and Rescue (SAR) exercise, ejecutado en la Nellis Air Force Base de Nevada (EE.UU.). Fotografía de Brian Ferguson. © USAF

Conclusiones

Las operaciones anfibias, a juicio subjetivo, se caracterizarán en el futuro inmediato por cuatro elementos nucleares que son representados por la necesaria acción conjunta durante su ejecución, su inherente capacidad de proyectar poder sobre la zona litoral, la complejidad para llegar a comprender un entorno caracterizado por una creciente incertidumbre y la necesaria flexibilidad para adaptarse a este nuevo entorno.

Soldados de Infantería de Marina despliegan desde un AAV-7 (*Assault Amphibious Vehicle* o "vehículo de asalto anfibio") durante la exhibición realizada en la playa del Sardinero en Santander, durante el día de las Fuerzas Armadas (30 de mayo) de 2009. Este tipo de vehículos pueden equipar una torreta con diverso armamento y transportar hasta a veinticinco infantes de Marina completamente armados.

Además, con la adecuada mentalidad, poseen la capacidad de constituir una herramienta de carácter político y no exclusivamente militar. No obstante, para ello es imprescindible disponer de unas capacidades anfibias creíbles, conformadas por fuerzas integradas e interoperables, que operen bajo una estructura de mando única y posean un alto nivel de adiestramiento y disponibilidad.

Resulta obvio que el empleo de las capacidades anfibias exclusivamente para proyectarse sobre la costa con el fin de realizar funciones de entrada inicial en beneficio de otra fuerza o para alcanzar objetivos tácticos ejemplifica un pobre empleo de las potenciales capacidades que poseen unos medios anfibios creíbles.

La proyección del poder naval sobre la zona litoral requiere superar física y conceptualmente la noción que representa la cabeza de playa para centrarse en dos objetivos principales. El primero, proporcionar una competencia capaz de alcanzar efectos militares mediante su aplicación; el segundo, convertirse en una eventual herramienta de carácter político. La ambición de evolucionar se debe fundamentar en una adaptación de la doctrina a las amenazas existentes y en la adquisición de un nivel de alistamiento, adiestramiento y equipamiento adecuados para proyectarse de forma efectiva sobre el litoral.

Al abordar el equipamiento necesario para disponer de unas capacidades anfibias creíbles, bajo el criterio de la necesaria acción conjunta y la inevitable eficiencia en el empleo de los recursos económicos, no se pueden obviar aspectos como el apoyo sanitario, la logística, la letalidad y precisión de los medios disponibles, la posible duplicidad de capacidades existentes en otros ejércitos y el alcance de los medios de proyección. En este aspecto, consideraciones sustentadas en afirmaciones como "hacer lo mismo con menos" simplemente no proporcionan ninguna confianza.

Es indudable que no todas las capacidades poseen el mismo nivel de importancia o que incluso siendo importantes, no todas ellas pueden ser adquiridas en un entorno donde las inversiones en el ámbito de la seguridad y defensa son escrutadas al detalle por la ciudadanía. La crisis financiera que tuvo lugar en el año 2008 ha modificado y condicionado la distribución de los presupuestos y la aceptación por parte de la población de determinadas partidas presupuestarias, entre las que inevitablemente se encuentran las destinadas a la Defensa, si estas son percibidas como un perjuicio para otras asociadas al mantenimiento del estado de bienestar alcanzado en las últimas décadas.

La adquisición de los medios necesarios debe sustentarse en una verdadera planificación de las capacidades que responda, entre otros aspectos, a los riesgos que enfrenta la seguridad nacional, a una eventual actuación en las zonas de interés vital definidas por el Gobierno y a la necesaria acción conjunta de las operaciones militares, también en la zona litoral. Planear un futuro de forma desalineada con los condicionantes del entorno y al margen de la realidad financiera solo puede convertirse en la causa de un colapso en el medio plazo con consecuencias difíciles de valorar.

Para finalizar, es necesario poner en valor la necesaria capacidad de adaptación. En el creciente entorno de incertidumbre en el que se desarrollarán las operaciones militares en el futuro inmediato, será imprescindible adoptar un planteamiento y disposición intelectual alejados de apriorismos. Quizá el problema más grave al que nos enfrentemos no sea la adquisición de nuevas capacidades, sino la falta de preparación mental para abandonar concepciones obsoletas e insostenibles que puedan llegar a impedir una adecuada anticipación de las respuestas necesarias ante las nuevas amenazas y escenarios, ya que vivimos en un mundo de enfrentamientos y conflictos permanentes donde la herramienta militar debe utilizar medios diferentes para obtener el resultado buscado.

Como refirió el escritor británico Lewis Carroll en su obra *Alicia en el País de las Maravillas*: Para quedarte donde estás tienes que correr lo más rápido que puedas. Si quieres ir a otro sitio, deberás correr, por lo menos, dos veces más rápido. Este axioma, que ha llegado a conocerse como la hipótesis de la Reina Roja es hoy en día, más cierta que nunca en el mundo anfibio, donde no se pueden improvisar capacidades ni medios, pero donde con facilidad se puede correr el riesgo de mantener una capacidad no creíble que, en realidad, representa poco más que una "capacidad bonsái". Una suerte de seudocapacidad que, al ser reclamada por el nivel estratégico o político, solo podría alegar su falta de alistamiento, provocando la correspondiente pérdida de confianza y el empleo de otras capacidades alternativas. ■

Bibliografía

Archivos

Anuario Estadístico de España.
Archivo General Militar de Ávila (AGMA), Archivo de la Guerra Civil (AGC), "Copias de documentos facilitados por el teniente coronel Emiliano Fernández Cordón, referentes a la preparación y desarrollo del Alzamiento Nacional (1946)", legajo 4, carpeta 8.
Archivo Histórico Nacional (AHN), Fondos Contemporáneos (FC), Causa General (CG), "Causa General de la Provincia de Madrid".
Boletín Oficial del Estado
Boletín Oficial de la Provincia de Madrid
Diario Oficial del Ministerio de Marina
Diario Oficial del Ministerio de Marina y Aire
Gaceta de Madrid
Reglamento general de las guarniciones y tripulaciones con que ha resuelto el Rey se armen en adelante los buques de la Real Armada, Madrid 1 de enero de 1788
Urquinaona, P. (1820): *Relación documentada del origen y progresos del trastorno de las provincias de Venezuela hasta la exoneración del capitán general Domingo Monteverde.* Madrid: Imprenta Nueva.
Valle Orihuela, J. M. (1911-1922): *El Regimiento Expedicionario: Crónica de la Infantería de Marina en el norte de África.* Publicación independiente.
VV. AA.: *Colección de documentos para la historia de la Guerra de Independencia de México,* vols. I-VI.

Fuentes primarias

Acuña de Figueroa, F. (1890): "Diario del sitio de Montevideo" en *Obras Completas,* Montevideo, Vázquez Cores, Dornaleche y Reyes.
Alamán, L. (1849-1852): *Historia de México,* vols. I-V, México, Imprenta de Victoriano Agüeros y Compañía.
Austria, J., (1855): *Bosquejo de Historia Militar de Venezuela,* Caracas, Imprenta y Librería de Carreño Hermanos.
Azaña, M. (2002): *Diarios completos.* Barcelona: Crítica.
Bustamante, C. M. (1825): *Historia militar del General don José María de Morelos,* México, Oficina del Águila.
Díaz, J. D. (1829): *Recuerdos sobre la rebelión de Caracas.* Madrid: Imprenta de don León Amarita.
Dionisio Capaz: *Memoria leída a las Cortes, Diario del Congreso* de 11 de octubre de 1822
Heredia, F. (1916): *Memorias del regente Heredia.* Madrid: América.

José Vázquez de Figueroa: "Exposición sobre el estado de la Marina" en *Gaceta del Congreso* de 20 de octubre de 1812.

Muñoz Fernández, C. (1911): *Apuntes Históricos referentes al Cuerpo de Infantería de Marina en el archipiélago de Filipinas*. Granada: Imprenta del Carmen.

Obanos Alcalá del Olmo, F. (1900): *Desembarcos pasajeros en tiempos de guerra*. Madrid: Ministerio de Marina.

Restrepo, J. M. (1858): *Historia de la Revolución de la República de Venezuela*, vol. II. Besançon: José Jacquin.

Rosaín, J. N. (1823): *Relación histórica*. Puebla: Imprenta Nacional.

Salazar, L. M. (1888): *Juicio crítico sobre la Marina Militar de España*, vol. I. El Ferrol: Ricardo Pita.

VV. AA. (1843-1846): *Historia de la Revolución mexicana*, vols. I-V. México.

Fuentes secundarias

Albi de la Cuesta, J. (2017): *De Pavía a Rocroi. Los tercios españoles*. Madrid: Desperta Ferro Ediciones.

Amos, J. (2018): "MILITARY: Gen. James Amos outlines vision of Marine Corps", *The San Diego Union-Tribune*, 8 de febrero de 2011.

Barrera de Segura, M. (2000): *Síntesis histórica y evolución orgánica de la Infantería de Marina*. Cartagena: Escuela de Infantería de Marina.

Bauzá, F. (1965): *Historia de la dominación española del Uruguay*. Montevideo: Biblioteca Artigas.

Benbow, T. (2012): *British uses of Aircraft Carriers and Amphibious Ships: 1945-2010*. London: King's College.

Biggs, G. (2008): "The utility of amphibious forces in conventional deterrence", *The RUSI Journal*, 138, 2, pp. 40-45.

Blanco, J. M. (2020): "El cuerpo de Batallones de Infantería de Marina, siglo XVIII", *Cuadernos Monográficos del IHCN*, 81, 97-110.

Bordejé y Morencos, F. (1993): *Crónica de la Marina española en el siglo XIX*. Madrid: Editorial Naval.

Cagigal, J. M. (1960): *Memorias*. Caracas: Ministerio de Justicia.

Campelo Gaínza, J. (2017): *Desde 1537. Historia de la Infantería de Marina más antigua del mundo*. Madrid: HRM Ediciones.

Campelo Gaínza, J. (2022): *Un ancla y dos fusiles*. Madrid: Círculo Rojo editorial.

Cañete, H. A. (2020): *Los tercios en combate*. Madrid: Salamina Ediciones.

Carboneras, J. V. (2020): *España mi natura: vida, honor y gloria en los tercios*, Madrid, Edaf.

Ceballos-Escalera y Gila, A. L. (2011): *Los Marinos en la Orden de San Fernando*. Madrid: Ministerio de Defensa.

Cervera Pery, J. (1992): *La marina española en la emancipación de Hispanoamérica*, Madrid, Mapfre.

Claramunt, A. y Bru, J. (2020): *Soldados de los Tercios*. Madrid: Desperta Ferro Ediciones.

Cózar, M. C. (1993): *La Infantería de Marina durante la restauración*. Cádiz: Universidad de Cádiz.

Dunigan, M., Hoffmann, D., Chalk, P., Nichiporuk, B. y DeLuca, P. (2012): *Characterizing and Exploring the Implications of Maritime Irregular Warfare*. Santa Mónica: Rand Corporation.

Esteves González, E. (2005): *Batallas de Venezuela, 1810-1824*. Caracas: El Nacional.

Esparza, J. J. (2021): *Picas y arcabuces. La leyenda de los Tercios*. Madrid: La Esfera de los Libros.

Fernández Duro, C. (1973): *Armada española*, vol. IX. Madrid: Museo Naval.

Gamundi Insúa, A. A. (2009): *El retorno del Fénix. Evolución de la Infantería de Marina desde 1936 hasta 2006*. Madrid: Ministerio de Defensa.

Hastings, M. (2007): "Our armed forces must now confront their greatest enemy: the MoD", *The Guardian*, 30 de abril de 2007.

Iribarren Celis, L. (ed.) (1963): *La Campaña Admirable*. Caracas: Academia Nacional de la Historia.

Larrañaga, J. A. y Guerra, J. R. (1948): *Apuntes históricos sobre la Banda Oriental del Río de la Plata*. Montevideo: Biblioteca Nacional.

Maffi, D. (2020): *Los últimos tercios. El ejército de Carlos II*. Madrid: Desperta Ferro Ediciones.

Marchena, J., Cuño, J. (2018): *Vientos de guerra. Apogeo y crisis de la Real Armada, 1750-1823*, 3 vols.. Madrid: Doce Casas.

Martínez Laínez, F. y Sánchez de Toca, J. M. (2006): *Tercios de España. La infantería legendaria*. Madrid: Edaf.

Martínez Ruiz, E. (2008): *Los soldados del rey*. Madrid: Actas.

Martínez Ruiz, E. (2020): *La defensa del Imperio 1500-1700*. Madrid: Paraninfo.

Meige, J. L. (2019): *Los soldados ignorados*. Madrid: Foro para el Estudio de la Historia Militar de España.

Miguel Fernández, E. de, Izquierdo Canosa, R. y Navarro Chueca, F. J. (2015): *Las tropas del 3er Regimiento de Infantería de Marina (Cartagena) en la Guerra de Cuba (1895-1898)*. Valencia: Real Academia de Cultura Valenciana.

Mitre, B. (1968): *Historia de San Martín y de la Revolución sudamericana*, vol. II. Buenos Aires: Centro Editor de América Latina.

Morales Trueba, A. (2018): *La Marina de Guerra de la Segunda República*. Madrid: Actas.

Morales Trueba, A. (2021): "La Armada española en Guinea Ecuatorial" en Teijeiro de la Rosa, J. M. y García Cabezas, M. (coords.): *España en Guinea Ecuatorial. Nuevos testimonios y aportaciones*. Madrid: Ministerio de Defensa, pp. 201-226.

Morales Trueba, A. (2023): *Historia naval de la Guerra Civil, 1936-1939*. Madrid: La Esfera de los Libros.

Nicieza, G. (2023): *Anclas y bayonetas. La infantería de Marina española en el siglo XVIII*. Madrid: Edaf.

O'Donnell, H. (1997): "El Cuerpo de Infantería de Marina, cuestionado y reorganizado a finales de siglo", en VV. AA.: *XVI Jornadas de Historia Marítima: Aspectos navales en relación con la crisis de Cuba (1895-1898)*. Madrid: Cuadernos Monográficos del Instituto de Historia y Cultura Naval, pp. 155-172.

O'Donnell, H. (1999): *La Infantería de Marina española. Historia y fuentes*. Madrid: Bazán.

O'Rourke, R. (2017): "Navy Irregular Warfare and Counterterrorism Operations: Background and Issues for Congress", *Congressional Research Service*, octubre de 2017.

Oficina de Conservación Histórica de la Infantería de Marina (2023): *Los vehículos de la Infantería de Marina 1958/2023*. Madrid: Ministerio de Defensa.

ORP Tercio de Armada (2021): *El uniforme de campaña de Infantería de Marina 1935/2010*. Madrid: Ministerio de Defensa.

Ortiz Escamilla, J. (2008): *El teatro de la guerra, Veracruz 1750-1825*, Castellón de la Plana, Universitat Jaume I.

Pérez Turrado, G. (1992): *La Marina española en la independencia de Costa Firme*. Madrid: Mapfre.

Porras Rodríguez de León, G. (2008): *Expedición a los Estados de la Iglesia*. Madrid: Ministerio de Defensa.

Pi Corrales, M. P. (1989): *Felipe II y la lucha por el dominio del mar*. Madrid: Editorial San Martín.

Pi Corrales, M. P. (2006): *Armar y "marear" en los siglos modernos (XV-XVIII)*. Madrid: Cuadernos de Historia Moderna.

Pi Corrales, M. P. (2019): *Los Tercios del Mar. Historia de la primera Infantería de Marina*. Madrid: La Esfera de los Libros.

Puchol, V. (2011): *Diario de Operaciones del Cuerpo expedicionario a los Estados Pontificios*. Madrid: Ministerio de Defensa.

Rey, M. del y Canales, C. (2012): *En tierra extraña: Expediciones militares españolas*. Madrid: Edaf.

Rivas Fabal, J. E. (2007): *Historia de la Infantería de Marina española*, Madrid, Editorial Naval.

Rodríguez Delgado, R. (1927): *Compendio Historial del Cuerpo de Infantería de Marina*. Andújar: Imprenta Blanco Luque.

Salas Larrazábal, R. (2006): *Historia del Ejército Popular de la República*. Madrid: La Esfera de los Libros.

Souto Aguirre, J. L. (2012): *Infantería de Marina: 475 aniversario, 1537-2012*. Madrid: Ministerio de Defensa.

Torres Sánchez, R. (2021): *Historia de un triunfo. La Armada española en el siglo XVIII*. Madrid: Desperta Ferro Ediciones.

Torres Sánchez, R. y Bru, J. (2024): *La Armada Real*. Madrid: Desperta Ferro Ediciones.

VV. AA. (2012): *Infantería de Marina. 475 aniversario. 1537-2012*. Cádiz: Comandancia General de la Infantería de Marina.

VV. AA. (2022): *Historia de la Infantería de Marina*. Madrid: Ministerio de Defensa.

VV. AA. (2022): *Ifni, Sáhara, Guinea. Últimas colonias*. Madrid: Susaeta.

VV. AA. (2023): *60 años de tractores anfibios en la Infantería de Marina*. Madrid: Ministerio de Defensa.

Autores

Julio Albi de la Cuesta nació en Burgos el 15 de julio de 1948 y tras licenciarse en Derecho ingresó en 1973 en la carrera diplomática. Ha sido embajador de España en Honduras, Perú, Ecuador y Siria, y director General de Comunicación Exterior en el Ministerio de Asuntos Exteriores. Como historiador, Julio Albi se ha convertido en un autor referente para la historia militar de nuestro país por obras clave como *De Pavía a Rocroi. Los Tercios españoles* (2017); *Banderas olvidadas. El Ejército español en las guerras de Emancipación* (2019), *El Ejército carlista del Norte 1833-1839* (2017), *¡Españoles, a Marruecos! La Guerra de África 1859-1860* (2018) o *Moros. España contra los piratas musulmanes de Filipinas (1574-1896)* (2022). Desde 2009 es académico correspondiente de la Real Academia de la Historia.

José María Blanco Núñez nació el 7 de junio de 1945 en El Ferrol. Ingresó en la Escuela Naval Militar en 1962 y durante ocho años comandó, entre otros buques, la fragata Cataluña y el buque de aprovisionamiento de combate Patiño. Especialista en comunicaciones y diplomado en Guerra Naval y Estudios Avanzados de Historia Moderna por la Universidad Complutense, es académico de número de la Real Academia de la Mar y de la de Ciencias y Artes Militares, así como académico correspondiente de la Real Academia de la Historia, de la Academia Marina de Portugal y de la Almirante Brown de Argentina. Del mismo modo, es vocal de la Comisión Española de Historia Militar, honorario de la Comisión Internacional de Historia Militar y asesor del Instituto de Historia y Cultura Naval en tanto pertenece también a la Junta directiva del Comité Español de Ciencias Históricas.

Jesús Campelo Gaínza (Cádiz, 1973) es comandante de Infantería de Marina. Casi todo su tiempo de servicio ha estado destinado en la Brigada de Infantería de Marina Tercio de Armada con base en San Fernando (Cádiz), participando en operaciones internacionales en la República serbia de Bosnia, en Haití y en Bosnia-Herzegovina. También ha sido profesor en la Escuela de Infantería de Marina de Cartagena, en la Escuela Naval Militar de Marina y en el buque escuela Juan Sebastián de Elcano. Es especialista en Artillería y coordinación de fuegos y, entre otras titulaciones, experto universitario en Comunicación social por la Universidad de Alcalá y diplomado en Heráldica, Uniformología y Vexilología por el Instituto de Historia y Cultura Militar. Ha publicado dos libros sobre la historia de la Infantería de Marina, titulados *Desde 1537* (2017) y *Un ancla y dos fusiles* (2023).

Fernando Herraiz Gracia (Zaragoza, 1970) ingresó en el Cuerpo de Infantería de Marina en 1996 y ha desarrollado la mayor parte de su carrera militar en diferentes destinos de la Brigada Tercio de Armada. En la actualidad ostenta el rango de comandante, destinado en el Cuartel General de la Fuerza de Infantería de Marina como ayudante personal del comandante general. Aficionado desde pequeño a la historia militar, es autor de diferentes obras sobre la uniformidad y los vehículos del Cuerpo de Infantería de Marina. Es licenciado en Derecho y diplomado en Graduado Social por la Universidad de Zaragoza. Ha participado en misiones internacionales y de seguridad cooperativa tanto en el marco de Naciones Unidas como en el de la OTAN y la Unión Europea.

Samuel Morales Morales es teniente coronel del Cuerpo de Infantería de Marina y actualmente está destinado como jefe del Estado Mayor de la Fuerza de Protección de la Armada. Con anterioridad, entre otros destinos, estuvo en la Sección de Planes del Mando de Operaciones del Estado Mayor de la Defensa, en la oficina de Asuntos

Estratégicos de Presidencia del Gobierno, en el Gabinete Técnico del Almirante Jefe del Estado Mayor de la Armada y en la Fuerza de Protección. Ha ejercido el mando de la Unidad de Seguridad de Canarias y del Cuartel General de la Fuerza de Protección. Es diplomado en Estado Mayor, en Artillería y Coordinación de Fuegos, en Operaciones Anfibias y Expedicionarias y en el Mando de Unidades Paracaidistas.

Adolfo Morales Trueba es oficial de Infantería de Marina, doctor por la Universidad Nacional de Educación a Distancia (UNED) y máster universitario en Paz, Seguridad y Defensa por esa misma universidad. Es profesor de la asignatura de Historia de la Armada del Máster Universitario de Historia Militar, así como de la asignatura de Políticas de seguridad y defensa en España del Máster Universitario en Paz, Seguridad y Defensa, ambos impartidos por la UNED. Es miembro del Consejo de Redacción de la *Revista de Historia Naval* y de la Asociación Española de Historia Militar (ASEHISMI). Igualmente, ha sido galardonado con el Premio Virgen del Carmen 2019 en la categoría de libros por su obra *La Marina de Guerra de la Segunda República* (2018).

Roberto Muñoz Bolaños es doctor en Historia Contemporánea por la Universidad Autónoma de Madrid y profesor de la Universidad Camilo José Cela y de la Universidad del Atlántico Medio. Especialista en historia militar del siglo XX, ha escrito más de treinta artículos en revistas académicas y diez libros, entre ellos: *23-F. Los golpes de Estado* (2015), *Guernica, una nueva historia: Las claves que no se han contado* (2017), *Las conspiraciones del 36: Militares y civiles contra el Frente Popular* (2019), y *El 23-F y los otros golpes de Estado de la Transición* (2021). En 2015, recibió el IV Premio de Historiadores Noveles Javier Tusell por el artículo "La última trinchera: el poder militar y el problema de la Unión Militar Democrática durante la transición y la consolidación democrática, 1975-1986". Actualmente es investigador en un proyecto I+D del Ministerio de Educación Cultura y Deporte centrado en el periodo de gobierno del Frente Popular.

Magdalena de Pazzis Pi Corrales es catedrática de Historia Moderna de la Universidad Complutense de Madrid. Sus principales líneas de investigación son la Marina y el Ejército de los Austrias en los siglos XVI y XVII, las relaciones entre la Monarquía Hispánica y Suecia en la Edad Moderna, las órdenes religiosas en los siglos XVI y XVII, el sistema de seguridad, orden público y Ejército en la España del siglo XVIII y el análisis de las relaciones históricas entre España y Suecia. Es autora de más de un centenar de publicaciones de su especialidad, entre las que destacan *La Otra Invencible. España y las potencias nórdicas* (1983), premio Virgen del Carmen de la Marina Española, y *Tercios del mar* (2019). Es también académica de número de la Academia de las Ciencias y las Artes Militares (2021) y embajadora de la MARCA EJÉRCITO (2023).

Rafael Torres Sánchez (Cartagena, 1962) es catedrático en la Universidad de Navarra. Su investigación se ha centrado en la historia militar del siglo XVIII. En la actualidad coordina Red Imperial Contractor State, un grupo internacional de investigadores sobre la movilización de recursos para la guerra en la Monarquía Hispánica del siglo XVIII. Entre las obras de Rafael Torres destacan *El precio de la guerra: El Estado fiscal-militar de Carlos III, 1779-1783* (2013), *Constructing a Fiscal-Military State in Eighteenth-Century Spain* (2015), *Military Entrepreneurs and the Spanish Contractor State in the Eighteenth Century* (2016), *Historia de un triunfo. La Armada española en el siglo XVIII* (2021) y *La Armada Real* (2024) junto a Jordi Bru.

Cuadernos de Historia Militar pretende abordar temas y momentos clave a través del prisma que proporcionan los nuevos enfoques en torno a la historia militar que vienen desarrollándose en las últimas décadas. Una visión renovada de un aspecto tan antiguo como el hombre: la guerra.

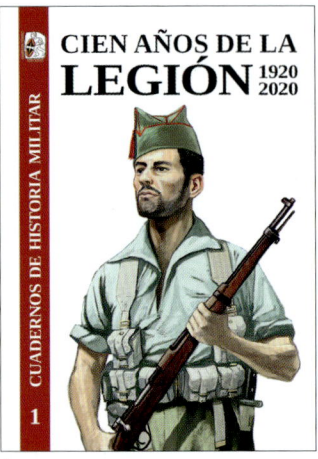

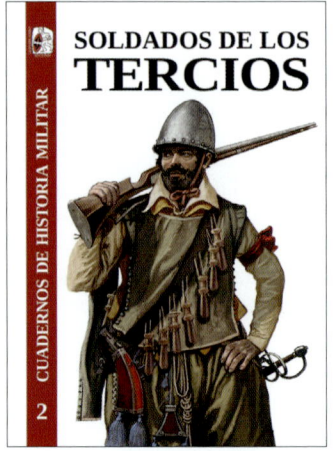

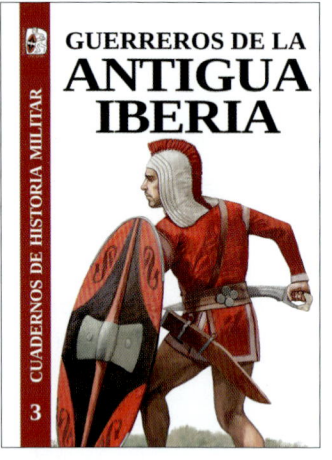

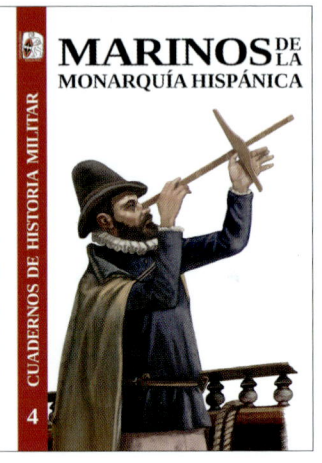

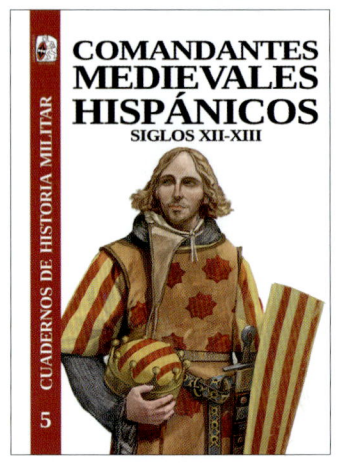

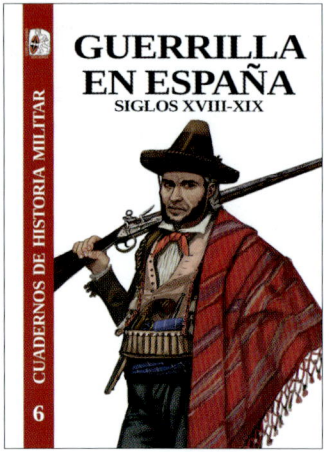

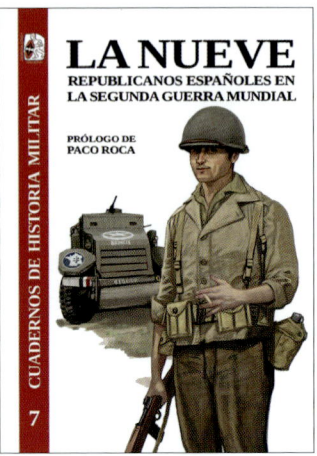

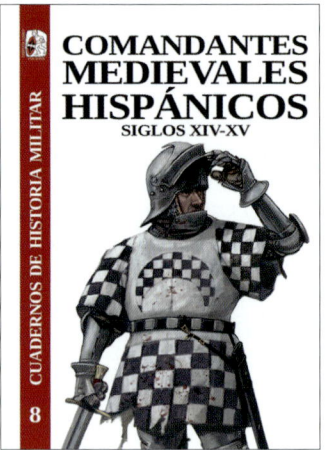

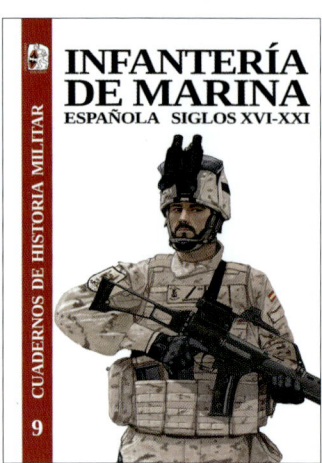

www.despertaferro-ediciones.com

DESPERTA FERRO EDICIONES